Gustavo Cerbasi

cartas a um jovem

investidor

Enriquecer é uma questão de escolha

Gustavo Cerbasi

cartas a um jovem

investidor

Enriquecer é uma questão de escolha

ELSEVIER

CAMPUS

Copidesque: Thiago Gomes
Editoração Eletrônica: Estúdio Castellani
Revisão Gráfica: Edna Cavalcanti e Elisabeth Cordeiro de Mello
Foto de Capa: Gabriel Boieras

Elsevier Editora Ltda.
A Qualidade da Informação.
Rua Sete de Setembro, 111 – 16º andar
20050-006 Rio de Janeiro RJ Brasil
Telefone: (21) 3970-9300 FAX: (21) 2507-1991
E-mail: *info@elsevier.com.br*
Escritório São Paulo:
Rua Quintana, 753/8º andar
04569-011 Brooklin São Paulo SP
Tel.: (11) 5105-8555

ISBN 978-85-352-2672-0

Nota: Muito zelo e técnica foram empregados na edição desta obra. No entanto, podem ocorrer erros de digitação, impressão ou dúvida conceitual. Em qualquer das hipóteses, solicitamos a comunicação à nossa Central de Atendimento, para que possamos esclarecer ou encaminhar a questão.

Nem a editora nem o autor assumem qualquer responsabilidade por eventuais danos ou perdas a pessoas ou bens, originados do uso desta publicação.

Central de atendimento
Tel: 0800-265340
Rua Sete de Setembro, 111, 16º andar – Centro – Rio de Janeiro
e-mail: *info@elsevier.com.br*
site: *www.campus.com.br*

Dados Internacionais de Catalogação na Publicação (CIP)
(Câmara Brasileira do Livro, SP, Brasil)

C391g Cerbasi, Gustavo, 1974-
Gustavo Cerbasi : cartas a um jovem investidor : enriquecer é uma questão de escolha / Gustavo Cerbasi. – Rio de Janeiro : Elsevier, 2008.
– (Cartas a um jovem –)

ISBN 978-85-352-2672-0

1. Cerbasi, Gustavo, 1974-. 2. Investimentos – Brasil. 3. Investidores (Finanças) – Orientação profissional. 4. Mercado financeiro. I. Título. II. Título: Cartas a um jovem investidor. III. Série.

08-0457 CDD: 332.6
CDU: 336.76

*A Adriana e Guilherme,
que para mim são a perfeita
tradução de "longo prazo"*

SUMÁRIO

1. CARTA DE APRESENTAÇÃO

Caro investidor,

É com grande prazer que lhe escrevo estas cartas. Quando recebi da Editora Campus/Elsevier o convite para escrevê-las, a primeira coisa que me veio à mente foi: "está aí a oportunidade de oferecer atalhos para muitos que, como eu, querem percorrer caminhos menos sinuosos para conquistar um futuro financeiramente mais saudável". Atalhos que eu não tive, na hora de fazer a maioria de minhas escolhas pessoais no mundo dos investimentos, mas que fui conhecendo através de minha curiosidade e construção de uma história de sucesso nessa área.

Apesar de ter uma grande lista de conquistas a comemorar em minha vida, não me considero ainda um profissional muito experiente, com meros 33 anos de idade enquanto lhe escrevo. Há poucos anos, enquanto cursava a faculdade e cultivava em minha mente inúmeras incertezas quanto ao futuro, eu lamentava a escassez de orientações para muitas das angústias que eu sentia. Vez ou outra, encontrava dicas nos jornais sobre como preparar um bom currículo ou como me portar em uma entrevista de emprego. Mas sentia falta de opiniões experientes acerca de carreira, renda e futuro. Via colegas de classe evoluindo na profissão, mas mesmo os que estavam ganhando melhor ou trabalhando nas empresas mais desejadas sentiam-se angustiados quanto a seu futuro.

Eu me sentia ao mesmo tempo desorientado e surpreso, pelo fato de estar cursando Administração em uma das melhores faculdades do país, a Fundação Getúlio Vargas, em São Paulo, e perceber que todos os colegas de classe tinham apenas uma vaga noção do que poderiam esperar de suas carreiras. Anos antes, imaginara que as coisas seriam um pouco mais fáceis após passar, com sucesso, em um vestibular extremamente exigente. Mas, o máximo que eu conseguia enxergar de meu futuro, lá pelo quarto e último ano de faculdade, era uma grande interrogação.

Sempre tive grande preocupação com meu amanhã, provavelmente uma das mais significativas lições que aprendi com meus pais. As histórias de nossas famílias – por parte de meu pai e de minha mãe – eram muito parecidas, dariam belos romances épicos. Meus quatro avós vieram da Europa fugindo da miséria e das dificuldades das guerras e fizeram a vida no Brasil com grande esforço, pagando cada refeição com o suor deles. Não conseguiram construir riquezas materiais significativas – quando muito, a propriedade em que moravam –, e contaram com a ajuda dos filhos para morrer com dignidade. Meu pai é o típico exemplo da geração de brasileiros que veio do nada – a família tinha apenas sua terra na roça – e que, com muito sacrifício, conseguiu construir um padrão de vida confortável e custear um bom nível educacional para os filhos.

Não quero criar um clima de compaixão ao falar dessa história de simplicidade, até mesmo porque a maioria dos adultos brasileiros tem uma história parecida. Não era exceção, era a realidade. E viver na roça não era sinal de miséria, mas sim de uma grande conquista de famílias que imigraram da Europa para o Brasil. A família estava bem e não passava fome. Mas a vida era muito simples.

O assunto dinheiro não era freqüente em casa, pois cresci durante as duas décadas perdidas de nossa economia, com juros elevados, pacotes econômicos freqüentes e uma rotina de mudança de moedas. Lembro-me das idas mensais de minha mãe ao banco (não havia Internet) para aplicar no *overnight* – quem pensava em não usar algum dinheiro por um ou dois dias tinha de aplicar para que o salário não perdesse valor, pois os preços eram remarcados todos os dias. Lembro-me também das estratégias que eu adotava para ganhar da inflação – como encontrar o remarcador de preços do supermercado e bisbilhotar sua lista de produtos, para descobrir qual ainda não tinha passado pela atualização. Por ter vivido minha infância e adolescência em uma época em que o ato de consumir significava proteger-se das ameaças da economia, eu reunia condições suficientes para me tornar um grande consumista.

Mas, por outro lado, tinha na família exemplos de que muitas coisas vinham antes do consumo, como estar em família e celebrar à mesa e não ao redor de pacotes de presentes. A família, por parte de meu pai, era numerosa e tinha o hábito de se reunir, freqüentemente, na casa do vô Antonio. Tirando um ou outro tio que acumulava riquezas com sucesso nos negócios, a família era composta basicamente por pessoas de classe média do interior, sem grandes luxos. Eram hábitos típicos da família criar as próprias galinhas e ter pés de frutas e de bucha vegetal no quintal de casa, preparar a própria massa para as refeições e fazer sabão com banha para não ter que comprar no mercado. A limitação de renda aparentemente não era grande problema. Vez ou outra, um emprestava dinheiro para outro para alguma emergência, ou aquele que estava mais duro trazia uma galinha ou uns ovos a cada dia que se convidava para uma refeição na casa de algum primo.

Não era uma família que reclamava da pobreza. Pelo contrário, era uma família muito rica em convívio, com muitos "causos" para contar e freqüentes rodas de viola após o jantar. Hoje, reconhecido por meu sucesso financeiro e pela maneira como penso sobre a riqueza, sou freqüentemente questionado sobre a educação financeira que meus pais me deram. Não é fácil responder a esse questionamento, pois, na verdade, meus pais sabiamente me privaram do assunto dinheiro, em uma época tão confusa que nem eles sabiam ao certo como tratar seus trocados. Penso que a melhor educação financeira que tive foi o convívio familiar, a riqueza de momentos, as inúmeras oportunidades de desfrutar da vida sem ter de dirigir a meus pais a palavra "COMPRA?".

Das cenas mais marcantes de minha infância, é claro que incluo os presentes que meu pai me deu com muito sacrifício ou já colhendo os frutos de sua evolução na carreira. Talvez os mais marcantes tenham sido um triciclo e uma bicicleta, uma das primeiras Caloi Cross. Mas incluo também, entre os momentos marcantes, os vários dias que passei na Fazenda Pinheiro, em Itupeva, onde trabalhavam meus tios Teresa e Hermenegildo. Por volta de meus seis anos de idade, eu era capaz de ficar dias sem precisar de um único brinquedo. Minhas diversões eram subir no pé de amora, colher ovos de pata em meio à plantação de abóboras, assistir à vacinação dos porcos, acompanhar a ordenha das vacas e comer bananas até não agüentar mais – só para ter mais cascas para jogar às galinhas. Na casa de meus tios Donatella e Fernando não era diferente: eu passava a maior parte do tempo sentado sob pés de jabuticaba e mexerica, comendo frutas e conversando com meus primos. Nas casas de meus tios Pasquale e Bete eu até encontrava muitos brinquedos dos primos, mas a grande diversão estava nas visitas à oficina de caminhões da família, para acompanhar as regulagens de motores. É por isso que acredito que tive uma vida muito rica, pois ela foi rica em experiências. Brinquedos até eram bem-vindos, mas foram apenas um detalhe durante boa parte de minha infância.

Quando meu pai deslanchou na carreira e pôde nos oferecer um padrão maior de consumo, brinquedos e jogos passaram a ser mais presentes em minha vida, mas ainda ficaram com papel coadjuvante. Na pré-adolescência, minhas diversões favoritas eram o desenho e a caça de literaturas interessantes em bibliotecas infanto-juvenis. Mérito de minha mãe, que viu na biblioteca próxima de casa o local ideal para eu estudar sem distrações. Mesmo sem gastar com livros, minha mãe me proporcionou uma adolescência repleta de conhecimentos e informação.

De todos os gastos que meus pais tiveram com os filhos, certamente o maior foi com nossa educação. Minha irmã e eu nunca tivemos mesada, não tive renda até os 22 anos de idade, estudei em faculdades públicas e não tive grande parte dos gastos típicos que um adolescente tem. Escolhi o caminho de praticar esportes, passando longe de vícios e trocando roupas de grife por agasalhos de competição. Até os 24 anos de idade, mal pensava no meu futuro ou na minha renda.

Esse é um resumo de momentos marcantes que ajudaram a moldar minha personalidade. Não há lições a tirar de minha experiência até então, a não ser o fato de que minha história pode ser bastante parecida com a sua. Não quero convidá-lo à simplicidade, iludi-lo com a idéia de que é fácil voltar ao passado diante de um mundo repleto de fascinantes tentações de consumo. Não gosto de fazer apologia à pobreza, convencê-lo de que um dos caminhos para ficar rico é ter uma vida espartana, com contenção extrema de consumo e sem ambições. Estas reflexões nostálgicas foram escritas com o propósito de tentar convencê-lo de duas coisas importantes:

1) Que uma vida de menos gastos não é necessariamente uma vida mais pobre, desde que você saiba encontrar fe-

licidade em momentos e atividades que não precisam, obrigatoriamente, de um desembolso para acontecer;

2) Que um investidor de sucesso não precisou de anos de preparo obsessivo e incentivo dos pais, mas sim de escolhas maduras diante de oportunidades.

Em relação a este segundo ponto, preciso esclarecer melhor. Apesar de muitos se referirem a mim como guru das Finanças, confesso que estranho bastante este título. Nove anos antes de me tornar o autor mais vendido do Brasil com um livro de finanças pessoais, eu não passava de um bom aluno da faculdade de Administração com sérias dificuldades em acompanhar as aulas de Finanças. Era difícil, era chato, as condições da aula eram desfavoráveis, às quartas-feiras à tarde, dia de feijoada nas padarias que ofereciam pratos-feitos. Meus cadernos de Finanças tinham pouca coisa escrita e páginas onduladas pela saliva que escorria de minha boca durante as longas horas de sono em cima delas.

Mas o destino me pregou algumas peças. Assim que me formei, fui convidado a ajudar a um ex-colega de classe da faculdade em um trabalho – adivinhe em qual área? – de consultoria financeira. Não entendia nada do assunto, mas o convite surgira em função de minha habilidade em escrever (obrigado, mãe, pelo incentivo aos livros!), que seria útil na elaboração de laudos explicativos sobre os estudos financeiros feitos para grandes empresas. Aprendi Finanças assim: tentando entender o que os outros, que sabiam muito, haviam feito, e traduzindo aquelas idéias para o papel. Diante da necessidade de fazer algum dinheiro, comecei fazendo algo do qual não gostava, mas a responsabilidade me levou a cumprir muito bem a tarefa que me foi confiada.

Foi assim que aconteceu meu desenvolvimento na área: traduzindo para meu mundo leigo, com curiosidade e questionamentos, o conhecimento de pessoas que eram competentes, porém pouco esclarecedoras em suas palavras. Não aprendi Finanças; o que aprendi foi a não arredar pé enquanto não estivesse satisfeito com uma explicação. Esse comportamento valeu diante de professores (depois, por obrigação da atividade de professor, fiz mestrado em Finanças), gerentes de banco, corretores de ações, advogados e economistas. "Não entendi" deve ter sido a expressão mais utilizada em meu processo de construção do conhecimento.

E foi assim, após vários "não entendi", que acabei escrevendo livros sobre o assunto e, principalmente, elaborando meu próprio modelo de construção de riqueza, calcado mais nos investimentos do que na renda de meu trabalho. E é por isso que me sinto muito feliz com a oportunidade de escrever este livro através de cartas, ou capítulos que procuram traduzir isoladamente idéias enriquecedoras.

Como o mundo dos investimentos ainda tem muito a ser desbravado pela maioria dos brasileiros, tenho a consciência de que escrevo estas cartas não apenas para investidores jovens, mas também para jovens investidores de idades mais avançadas. Já vi senhoras aposentadas tornarem-se grandes investidoras em ações após darem-se a oportunidade de se envolver com o mercado. Também já vi famílias saírem da ruína financeira para uma saudável e segura posição de conforto financeiro após uma simples decisão de vender a casa para pagar as dívidas e aplicar o restante do dinheiro. E, nos últimos anos de estabilidade econômica de nosso país, venho acompanhando cada vez mais jovens que têm a certeza de que chegarão ao seu primeiro milhão antes dos 30 anos de idade, sem depender da sorte. Independentemente da idade, todos são jovens em sua opção de investir, mas fizeram escolhas inteligentes e não necessariamente audaciosas.

É esse espírito investidor que quero ver contagiá-lo, caro investidor. E ofereço as cartas transcritas nas próximas páginas para ajudá-lo em suas escolhas, com a nobre intenção de facilitar seu caminho. Obrigado por investir seu precioso tempo nesta leitura. Tenho certeza de que este investimento lhe trará grandes resultados em muito pouco tempo.

G. C.

2. POR QUE INVESTIR DESDE JÁ?

Caro investidor,

Antes de falar de investimentos, gostaria de esclarecer, para evitar qualquer tipo de dúvida ideológica, que o propósito de investir é aumentar sua riqueza. Não importam quais são seus valores, sua profissão, sua religião, ou seus objetivos na vida. Não importa o padrão de vida que você já tem ou quão distante está do que gostaria de ter. Tudo o que escreverei nas próximas cartas tem como finalidade tornar mais amigável e eficiente sua relação com o dinheiro e com seu patrimônio, visando multiplicá-lo para melhorar seu bem-estar e sua qualidade de vida.

Quem mal consegue pagar as contas no final do mês deve achar um luxo tratar de assuntos relacionados a investimentos. Se for o seu caso (espero que não seja), certamente é preciso repensar suas finanças. Chegar ao final do mês com as contas simplesmente "em dia" já é sinal de graves problemas financeiros. Como estamos vivendo cada vez mais, e com mais qualidade, poupar para o futuro é questão de sobrevivência. Daqui a alguns anos, você deixará de trabalhar, por vontade própria ou não. Caso não sofra acidente algum, provavelmente terá muitos anos de vida pela frente, e terá de tirar dinheiro de algum lugar para se manter. Se contar com os filhos para sustentar sua velhice, estará comprometendo a qualidade de vida deles. É melhor nem pensar nessa alternativa.

É fundamental entender que sua renda mensal atual não serve apenas para sustentar o mês corrente. Ela serve para sustentar sua vida e, por isso, ao menos uma pequena parte desta renda deve ser posta para trabalhar num plano de previdência, em fundos de investimento ou em um negócio de sua escolha, para que você tenha de onde tirar o sustento de uma vida confortável na aposentadoria.

Repense seu orçamento, ponha as contas na ponta do lápis. Entenda que você deve sobreviver com uma renda menor do que o total que ganha. Isso envolve grandes escolhas. Trocar de automóvel? Mudar para uma moradia um pouco menor? Desligar o celular? Deixar de jantar fora? Deixar de comprar roupas de marca? Usar mais gás e menos energia para cozinhar? Você decide. Mas não deixe de equilibrar suas finanças, para garantir seu padrão de vida no futuro.

Talvez você ainda esteja se questionando se realmente leva jeito para investir ou se deve procurar outros meios para enriquecer. Minha opinião é que você deve investir, pois qualquer forma de enriquecer pode ser traduzida como um tipo de investimento. Há quem concentre seu patrimônio em bancos e corretoras de valores, acompanhando a evolução de sua riqueza através de extratos que entram por debaixo de sua porta todos os meses. Há aqueles que preferem investir na abertura de um negócio próprio, pondo seu dinheiro para girar em uma atividade da qual possa viver. Há também quem prefira investir na compra e venda de bens, passando a viver das margens obtidas a cada negociação bem-feita.

Investir é adquirir uma boa dose de liberdade na vida, pois das carreiras com carteira assinada podemos ser despedidos subitamente, enquanto na carreira de investidor nunca perderemos o "emprego". Atenção, não estou afirmando que você deve abandonar sua carreira ou sua escolha profissional para enviar seu currículo para a vaga de *trainee* de um banco ou corretora! O que quero dizer é que, independentemente de sua atividade, qualquer pessoa pode adotar o exercício de investir como uma carreira paralela, que servirá como uma espécie de seguro para o futuro incerto. Nessa carreira, provavelmente, você trabalhará pelo resto da vida.

Repito que o futuro está cada vez mais longo com os avanços da medicina e da qualidade de vida e, por isso, separar uma parte do dinheiro que você ganha hoje e colocá-lo para multiplicar é muito mais do que uma escolha prudente: é questão de sobrevivência com dignidade! Repare que acabei de lhe dar uma definição do que é investir. Separar parte dos recursos de que você dispõe e colocá-los para multiplicar de alguma maneira inteligente. Obviamente, dentre as incontáveis maneiras de se multiplicar dinheiro, as alternativas mais inteligentes e eficientes serão aquelas que o levarão a uma condição de vida mais confortável, ou que mais anteciparão seus objetivos.

Torço para que você se conscientize de que o melhor momento para começar a investir é imediatamente. Não importa a idade que você tem, nem quanto você ganha. Quanto mais cedo começar, melhor, pois começar cedo significa escolher o caminho mais fácil para enriquecer. Não há qualquer tipo de metáfora ou simbolismo no que acabo de afirmar. É fácil entender o raciocínio por trás da idéia de começar cedo.

Imagine que cada centavo que você investe hoje é como se plantasse uma árvore de dinheiro. Mesmo que você comece com pouco dinheiro, cada centavo "plantado" irá multiplicar-se por muitos anos. Mesmo que, por ter plantado, você entre no vermelho hoje, paciência... Lembre-se de que você pagará elevados juros pelo erro que cometeu, mas esses juros serão por pouco tempo, enquanto as sementes plantadas se multiplicarão por anos e anos. Não deixe de plantar suas árvores de dinheiro. Quanto mais tempo tiver pela frente, mais seus pés de dinheiro se multiplicarão em tamanho, crescendo com base nos rendimentos de seu investimento. Enquanto não colher os frutos de suas árvores de dinheiro (os rendimentos), sua plantação continuará se multiplicando e dando origem a novos pés de dinheiro. Mesmo que alguma dificuldade o impeça de plantar durante alguma fase de sua vida, os rendimentos das árvores plantadas no passado se encarregarão de continuar plantando e multiplicando sua riqueza, até chegar o momento em que você poderá passar a viver apenas dos frutos de seus pés de dinheiro, pois eles podem vir a ser suficientes para manter seu padrão de vida.

Repare que, diferentemente dos frutos gerados por árvores comuns, aqueles gerados por árvores de dinheiro não apodrecem. Eles sempre são replantados para gerar mais frutos no futuro! Alcançar a sonhada situação em que sua própria plantação seja suficiente para manter um padrão de vida confortável é o que chamo de independência financeira. Para consegui-la, você deve cuidar bem do que plantou, zelando por seus investimentos e continuamente buscando técnicas para "adubar" sua plantação, ou seja, melhorar sua rentabilidade. Não pretendo iludi-lo com a idéia de que investir é simples, ou de que existe algum tipo de piloto automático no processo de enriquecimento. Isso não existe.

Ao ter afirmado que investir é uma carreira, indiretamente quis explicitar que a atividade requer algum trabalho de sua parte. Como na agricultura, plantar árvores de dinheiro gerará frutos melhores à medida que você se dedique mais à sua lavoura. Isso lhe consumirá tempo, mas garanto que pode ser uma atividade muito prazerosa. Já vi pessoas se referirem aos investimentos como vício, esporte, atividade de lazer e fonte de adrenalina. Ainda não vi pessoas que, após começarem a investir, tenham desistido da idéia, achando que não levam jeito para a coisa. No máximo, perceberam que não levam jeito para determinado tipo de investimento e partiram para outra alternativa.

A título de exemplo, gostaria de lhe demonstrar a importância de começar cedo com dois cálculos simples. Se você não possui conhecimentos básicos de matemática financeira, não conseguirá reproduzir tais contas, mas pode chegar aos resultados que apresento consultando alguém que tenha tais habilidades. Para as duas situações que apresento, imagine que você queira se aposentar aos 60 anos. Se você começar a poupar R$100 por mês aos 20 anos e investir seus recursos de maneira extremamente conservadora, obtendo modestos rendimentos de 0,6% ao mês sobre as aplicações mensais, chegará aos 60 anos com um patrimônio de cerca de R$278 mil. Se seguisse a mesma estratégia, mas começasse a poupar aos 40 anos, chegaria aos 60 com menos de R$54 mil. Na outra simulação, comparo o esforço necessário para que você chegue aos 60 anos de idade com reservas financeiras de R$500 mil, supondo que investirá também com o modesto desempenho de 0,6% ao mês. Se começar a poupar aos 40 anos, terá de investir cerca de R$937 mensais para alcançar o objetivo. Se começar aos 20 anos, o esforço mensal cai para apenas R$180. Voltarei às contas em uma carta futura, para ajudá-lo a montar seu próprio plano.

Você já deve estar lamentando sua dificuldade em conseguir fazer sobrar dinheiro para investir. Por mais que você acredite que será mais fácil obter mais sobras no orçamento lá na frente, peço que acredite na minha experiência de consultor e esqueça essa idéia. À medida que evoluímos na vida, novos compromissos sempre nos dão bons motivos para comprometer nossa renda. Casamento, filhos, sonhos dos filhos, carreira, faculdade dos filhos, a sonhada casa de campo e um plano de saúde decente são alguns desses motivos que comprometem nossa capacidade de poupar. Melhor começar desde cedo e contar com esse "gasto" (compra de um futuro seguro) para o resto da vida, tornando mais leve nosso compromisso com o futuro à medida que nossa renda crescer.

É por essa razão que eu o convido a assumir a postura de investidor desde já. Se essas cartas chegaram a suas mãos apenas por curiosidade, fica aqui o convite de continuar a leitura e começar a mudar de vida, para melhor. Se você já pensava em investir, ótimo, mergulhe com tudo na sua escolha. Não há do que se arrepender. Você contará com minha ajuda nas cartas que escreverei após esta, o que lhe será bastante útil.

G. C.

3. O QUE É E O QUE NÃO É INVESTIR?

Caro investidor,

Espero tê-lo convencido da importância de começar a investir o quanto antes. Meu próximo passo é alertá-lo para um equívoco comum: muitas pessoas afirmam que investem seus recursos, porém não o fazem. Elas têm a ilusão de que investem porque alocam parte de suas riquezas em algo que entendem como não sendo consumo imediato. Mas nem todo dinheiro direcionado para algo que possa ser revendido, isto é, convertido novamente em dinheiro no futuro, é considerado investimento.

Tudo que ganha valor no tempo é um investimento, desde que você tenha condições de usufruir dos resultados obtidos com o aumento de valor. Na linguagem usada por especialistas, um investimento precisa ter liquidez, ou seja, a transformação dele em dinheiro deve ser viável quando você precisar. Não considero a casa própria, por exemplo, um investimento. Por mais que ela tenha potencial de valorização, dificilmente você aceitará, no futuro, vender sua casa supervalorizada e se mudar para uma moradia econômica, visando viver dos rendimentos da diferença poupada. É mais provável que você ofereça a casa como entrada em uma moradia mais cara ainda. Casa própria, portanto, é consumo. Investir vai bem além de comprar bens que valorizam.

Uma das primeiras regras que você deve aprender sobre investimentos é que investir é multiplicar, transformar 1 em 2. Investir não é somente guardar parte da renda ou aplicar na caderneta de poupança. Investir é também comprar barato e vender caro. Alguns optam por se especializar na compra e venda de imóveis. Procuram pechinchas e as vendem, algum tempo depois, pelo real valor de mercado. Quem já procurou imóveis em uma imobiliária deparou com a pergunta: "O que o senhor (ou a senhora) procura é para morar ou para investir?" O corretor imobiliário sabe que aqueles que querem um imóvel para morar darão valor a aspectos que nem sempre se refletem no valor de mercado, como a beleza do jardim, a ventilação da casa, a vista da janela, a facilidade de uma padaria próxima. Por valorizar tais aspectos, muitas vezes estarão dispostos a pagar preços que incluem as qualidades detectadas pelo proprietário original.

Quando se está procurando um imóvel para investir, na percepção dos corretores, o objetivo é qualquer imóvel que valha menos que um "para morar" valeria – o ideal é que valha muito menos – e não seja difícil revender no futuro. Tais qualidades não são fáceis de conseguir, exigem um trabalho de garimpagem. Em geral, dependem de um proprietário realmente interessado em se desfazer do imóvel, como acontece em casos de herança, viagem súbita para o exterior, separações conjugais e problemas financeiros. É assim que se ganha dinheiro no mercado imobiliário. Os "que investem", com capital e tempo para esperar uma oportunidade, compram imóveis dos "desesperados para vender", e então esperam a oportunidade de encontrar alguém "que quer morar", que lhes pagará preço maior. Para conseguir esse preço maior, o corretor, muitas vezes, usa todas as técnicas de vendas que ele aprendeu em incontáveis cursos e seminários de vendas. Assim, aquele que quiser investir no mercado imobiliário não dependerá apenas de sua decisão. É preciso conhecer imóveis, conhecer as imobiliárias, preferencialmente ter alguns corretores de confiança, visitar as imobiliárias com freqüência, manter o foco em um mercado específico (ninguém consegue estar informado sobre todos os tipos de imóvel de todas as regiões de uma grande cidade) e constantemente atualizar informações e conhecimentos. Em outras palavras, será preciso ser um profundo conhecedor do assunto, se não quiser perder dinheiro em seus investimentos.

Isso vale para todo tipo de investimento. Alguns escolhem imóveis, outros escolhem títulos do governo. É possível investir em artigos colecionáveis, como obras de arte, e também em empresas através de ações ou de participações significativas em negócios. O mecanismo é sempre o mesmo. Exige que você busque conhecimento, se envolva com o mercado, adquira percepções de preço, e crie intimidade com os agentes intermediários, para então começar a fazer bons negócios. O sucesso nos investimentos não surge da noite para o dia e também não requer sorte, informações privilegiadas ou palpites esotéricos. Requer, sim, dedicação, paciência e trabalho.

Quanto maior e mais consistente o poder de multiplicação de dinheiro de sua opção de investimento, maior será seu mérito na escolha. Algumas alternativas são tão medíocres na capacidade de multiplicar suas reservas financeiras que sequer merecem o título de investimento. É o caso da caderneta de poupança. Seus rendimentos, após abater a inflação média mensal, raramente passam de 0,4% ao mês. Isso é pouco para o ambiente brasileiro de oportunidades e crescimento. Se você poupar R$100 mensais na poupança, considerando essa rentabilidade, em 40 anos de poupança terá acumulado cerca de R$145 mil. Se cuidar com mais carinho de seu dinheiro e correr atrás de ganhos médios de 0,8% ao mês (o que é esperado para um bom fundo multimercado, por exemplo), acumulará no mesmo período algo em torno de R$560 mil.

Muitos especialistas questionam a viabilidade de ganhos de 0,8% ao mês, equivalentes a 10% ao ano, já descontados os impostos sobre a renda e a inflação. Realmente, serão raras as alternativas que garantirão essa rentabilidade de maneira totalmente passiva, sem nenhuma atitude sua. Mas, conforme detalharei em outras cartas adiante, um pouquinho de atenção a seus investimentos e muito pouco esforço na busca de informações garantem ganhos dessa magnitude com razoável tranqüilidade e pouquíssimo risco. Mas você terá de fazer escolhas com alguma freqüência e não poderá deixar seu dinheiro acomodado por muito tempo na mesma alternativa.

O que eu gostaria de deixar bem claro a você que lê estas cartas é que investir não é poupar. No meu dia-a-dia de consultor deparo com incontáveis casos de pessoas que fazem muita poupança, mas não investem com qualidade. São inocentes usuários da pouco rentável caderneta de poupança, profissionais bem-sucedidos que compram imóveis sem a devida pesquisa do potencial de valorização, artistas e jogadores de futebol que compram terras, postos de gasolina e pequenos negócios e os confiam a pessoas incapazes de multiplicar riquezas, brasileiros trabalhando no exterior que confiam suas escolhas de investimento a pessoas igualmente despreparadas, parentes queridos que não conhecem nada de investimentos. Vejo essas pessoas acumulando muita poupança, mas infelizmente enriquecendo num ritmo mais lento do que poderiam, simplesmente porque fazem escolhas ruins.

Quem busca orientações para seus investimentos junto a bancos é normalmente convocado a responder um questionário para identificar seu perfil de investidor. Após responder a perguntas relacionadas a perspectivas de vida, tolerância ao risco e à perda, capacidade de poupança e segurança dos dependentes, recebemos um rótulo: conservador, moderado ou arrojado/agressivo.

Essa rotulação serve pura e simplesmente para identificar qual pacote de orientações será oferecido. O pacote, por sua vez, tende a oferecer ao investidor soluções que atendam em parte a seus objetivos pessoais, mas que jamais deixarão de atender aos objetivos comerciais da instituição financeira. Em outras palavras, a típica consultoria de investimentos oferecida por seu banco nada mais é do que o produto, dentre as diversas alternativas lucrativas para a instituição, que mais se aproxima de suas necessidades. Não tem nada a ver com a melhor alternativa para seu bolso. Até aqui, nada de errado com a postura dos bancos, pois é o tipo de orientação que se espera quando procuramos conselhos de quem vende algo – no caso, venda de serviços de investimento. Você acredita que seu corretor de imóveis lhe oferece sempre a melhor alternativa de moradia? Ou que o feirante lhe oferece sempre as melhores frutas da banca?

Um primeiro ponto a criticar é o método de identificação do perfil de investidor. Uma pessoa que responde que não tolera riscos, talvez precise de orientações quanto ao risco, e não de produtos pouco eficientes. Pelo critério comum de classificação de perfis, é inaceitável que um jovem afirme não tolerar riscos, pois ele tem um horizonte de décadas para compensar com ganhos suas eventuais perdas, e com isso colher frutos muito interessantes da opção pelo risco. Por outro lado, é igualmente inaceitável que um chefe de família cinqüentão, com filhos adolescentes e bem-informado sobre o mercado de ações, seja orientado a adotar uma carteira com grande peso em alternativas de risco, se não tiver, ao menos, cem vezes o seu consumo mensal em reservas financeiras. Excesso de risco na meia-idade pode trazer sérios problemas de saúde e de relacionamento familiar, em função do nervosismo diante de planos frustrados. Acima de tudo, a opção pelo risco deve levar em consideração o desprendimento da pessoa em relação ao prazo para utilizar os recursos investidos. Quanto mais tempo a pessoa tem pela frente, menos recursos precisa investir, e mais risco pode assumir. Obviamente, com a devida orientação e com boas fontes de informação.

Outro ponto questionável quanto à rotulação de perfis relaciona-se ao número de rótulos. Fazia muito sentido separar conservadores de moderados e de agressivos em uma economia de elevado nível de risco e instabilidade. Conservadores eram aqueles que não toleravam nem o risco (ganhar mais em um mês e menos no outro), nem a perda. Investiam apenas em alternativas com certeza de ganhos constantes, como a renda fixa. Moderados toleravam o risco, mas não suportavam ver qualquer redução de saldo de um mês para outro. Investiam pouco em renda variável, o suficiente para que os ganhos da renda fixa compensassem até perdas típicas de crises na renda variável. Já os arrojados eram os que toleravam tanto o risco quanto as eventuais perdas parciais, para colher ganhos maiores no futuro.

Com a atual decadência dos juros de mercado e conseqüente construção de um ambiente mais favorável para o crescimento da economia, deixa de fazer sentido o excesso de conservadorismo. Não investir um mínimo sequer de suas economias em renda variável é quase uma displicência com seu patrimônio, pois uma carteira conservadora de, por exemplo, ações, composta por *blue chips* (ações de grandes empresas, muito conhecidas e bastante negociadas), pode trazer bastante segurança à evolução de seu patrimônio. Por isso, é razoável propor que devem existir hoje, dentre os que preferem investir apenas em alternativas do mercado financeiro, apenas dois tipos de investidor: os que investem pouco e os que investem muito em renda variável. O motivo para esta proposta é que, em uma economia estável, negócios de maior risco tendem a ser mais rentáveis.

Independentemente de sua escolha de investimento, eu lhe faço uma pergunta: Quanto lhe rende por mês seu investimento? Não perguntei quanto dinheiro você tem aplicado, quantas ações possui de uma empresa, ou quantos empregados tem em seu pequeno negócio. Minha dúvida é em relação à rentabilidade que você obtém de suas aplicações, ou em relação aos ganhos que você obtém em seu negócio. Se um empresário tivesse aplicado em outra alternativa de investimento o dinheiro usado para montar o negócio e estivesse ganhando mais, é porque ele escolheu mal seu investimento.

Não acredite que, após ler estas cartas, você será capaz de fazer as melhores escolhas. Minha intenção é ajudá-lo a construir um senso crítico que o auxilie a farejar alternativas cada vez melhores. Quanto mais você se envolver com seus investimentos, mais conhecerá sobre eles e mais sensível ficará seu tato para as melhores escolhas. Não há como tirar o mérito da experiência. Especialistas podem lhe indicar atalhos, mas não fazer com que você chegue a seu objetivo sem percorrer nenhuma estrada. Ciente disto e reconhecendo sua inexperiência, você será mais tolerante a pequenos erros e a escolhas menos felizes ao longo de sua vida. Cada erro será também uma grande oportunidade de aprendizado.

Espero que você esteja preparado para aprender com os erros e para colocar em prática as inúmeras lições que aprenderá, se decidir se dedicar profundamente ao mundo dos investimentos.

G. C.

4. SONHE

Caro investidor,

Como você deve saber, um consultor financeiro é aquele que ganha seu dinheiro ajudando os outros a ficarem mais ricos. Durante cinco anos, meu trabalho se concentrou no atendimento a pessoas, ou melhor, a famílias – sempre preferi juntar, nas reuniões, todos os interessados – de diferentes níveis de renda e de poupança. Mesmo uma família de patrimônio reduzido, ou de baixa renda, são desafios interessantes para um consultor, pois, independentemente de onde essa família possa chegar em termos de riqueza, é certo que cada reunião de orientação resulte em um futuro cada vez melhor para ela. São orientações de consumo, de investimentos, sobre planos e realização de sonhos que vão edificando uma vida com mais conforto.

Porém, além do trabalho técnico-financeiro de analisar e quantificar as alternativas, existe também o lado técnico-comportamental nas orientações, talvez o aspecto mais difícil do trabalho. A dificuldade não está em apontar a forma mais econômica de comprar a casa dos sonhos ou a carteira de investimentos mais eficiente, mas sim em lidar com ambição, egoísmo, vaidade, orgulho, compulsão, obsessão e comodismo. Um bom consultor financeiro tem muito mais de psicólogo do que de economista.

Ao decidir escrever esta carta a um investidor, pensei em fazer dela, também, um desabafo. Gostaria de, com ela, compartilhar com você um dos aspectos mais angustiantes da atividade de consultor financeiro. Descrevi com sinceridade o prazer em atender a famílias com menos posses, pois, na verdade, meus casos mais difíceis foram aqueles de patrimônio colossal, da ordem de dezenas de milhões de reais. Para esses casos, o trabalho do consultor está menos relacionado à multiplicação de riquezas e muito mais ligado à utilidade dada à riqueza conquistada.

Foi com pelo menos três casos que atendi que me veio a surpreendente constatação de que a infelicidade crônica é freqüente entre os que possuem muito dinheiro. Não porque o dinheiro traga infelicidade; isso não existe. Mas percebi que, ao dedicarem grande parte de seu tempo e muito esforço à construção de riquezas e de uma carreira sólida, aqueles endinheirados esqueceram-se de dar atenção à família, aos filhos, aos amigos, a sua saúde, à condição física e a seu lazer.

Quando perguntados sobre o que lhes faltava na vida para comprar com seu farto dinheiro, a resposta invariavelmente veio acompanhada de lágrimas: "aquilo do qual sinto falta hoje não pode ser comprado com dinheiro... não vi meus filhos crescerem, meu casamento acabou devido à falta de atenção a minha esposa, afastei-me de meus amigos...".

Estou certo de que você sabe que o dinheiro compra muitas coisas e não compra outras, e por isso não pretendo insistir muito nesse ponto. Apenas faço questão de alertá-lo de que há uma forte tendência do ser humano, quando diante de uma grande oportunidade de enriquecer e mudar de vida, de deixar de lado temporariamente aquelas riquezas fáceis que não nos custam nada, como amizades, família, saúde, qualidade de vida e prazeres. Cria-se uma estúpida ilusão de que as pessoas que você ama podem sentir sua falta porque, um dia, quando você for rico, todos entenderão seu sacrifício. Esqueça. Ninguém entenderá por que, diante do crescimento na vida, você se tornou arrogante, a ponto de abandonar "os pobres". Essa é a sensação de quem não pode compartilhar com você seu sucesso nos momentos importantes de sua vida.

É por isso que outra lição importante que você deve colocar em prática é a idéia de concretizar seus sonhos.

Planeje-se para conquistar sonhos tangíveis, como uma casa, um curso no exterior, um carro, um padrão de qualidade de vida e de aposentadoria, e então passe a tentar traduzir esses sonhos em objetivos numéricos. Apesar de ter ficado famoso pela conquista de meu primeiro milhão de reais aos 31 anos de idade, lamento que minha história tenha motivado muitos jovens a perseguirem um primeiro milhão ao invés de uma vida rica.

Nos dois anos que se seguiram à publicação da revista *Você S/A* de dezembro de 2005, que me estampou na capa com a chamada para o primeiro milhão, cinco ou seis jovens investidores enviaram-me e-mails compartilhando a alegria de terem conquistado, também, seu primeiro milhão. Todos relataram seu sacrifício, sua ousadia, seus momentos de ansiedade e alegria até chegarem à tão sonhada meta. E eu fiquei muito feliz pelas conquistas e por ter sido uma das fontes inspiradoras delas. Mas, em todos os casos, respondi com uma mensagem de felicitação e também com uma pergunta: "Qual é seu próximo sonho, já que se tornou milionário ainda jovem?". As respostas que recebi são o motivo de meu desapontamento: "o segundo milhão", "o décimo milhão", "um milhão de dólares", "o primeiro bilhão".

Nada tenho contra a idéia de continuar prosperando, mas as respostas que recebi indicam que há uma forte tendência de jovens motivados com o enriquecimento perderem o sentido de suas vidas e passarem a viver colecionando números na conta bancária. Um milhão de reais não tem sentido algum em sua vida, se sua vida não tem sentido. Por isso, não colecione números; faça planos. Ao invés de sonhar com um milhão de reais em dez anos, prefira construí-lo em 30 anos e, durante esse tempo, troque de automóvel, viaje, faça amigos, pratique esportes, faça cursos, cresça como ser humano e tenha uma vida social ativa. Você chegará ao primeiro milhão mais rico.

Quando pensar na sua aposentadoria, esqueça também a idéia de se aposentar com, digamos, R$10 mil mensais. Imagine o que será para você uma aposentadoria saudável, incluindo um bom plano de saúde, atividades interessantes de lazer, doações, roupas de qualidade, práticas esportivas, viagens e pequenos prazeres. Pode até ser que, pelas suas contas, um padrão de vida desses possa ser mantido com uma renda de R$10 mil mensais. Mas eu prefiro que você persiga metas tangíveis, concretas e prazerosas, pois essa será a grande motivação que lhe dará força de vontade para poupar.

Números não dão prazer, e por isso a meta de persegui-los tende a ser abandonada mais facilmente quando algum imprevisto acontece no meio de seu plano. Pense nisso, e capriche nos seus sonhos para o futuro. Se você tem dúvidas de como elaborar os planos que concretizarão seus sonhos, leia a próxima carta que escrevi para auxiliá-lo nessa busca.

G. C.

5. TENHA UM PLANO. OU MELHOR, TENHA VÁRIOS PLANOS

Caro investidor,

Seu futuro começa hoje. A maior parte das alegrias que você terá nos próximos anos dependerá de como você usa sua inteligência e seu tempo hoje. Recentemente, o mundo dos livros e dos vídeos piratas foi invadido por uma febre que fez da chamada Lei da Atração a última moda em auto-ajuda. Se eu tivesse que resumir em poucas palavras do que se trata, eu diria que, segundo a Lei da Atração, basta você ter muita fé em seus desejos para conseguir o que quer com a força de sua mente.

Absurda ou não, a teoria não é nova. O sucesso do tema se deve apenas à linguagem comercial dada ao resgate de uma idéia antiga. Ouvi de pessoas muito sábias e de especialistas de diversas áreas do conhecimento que tudo isso não passa de grande bobagem. Porém, confesso que não consegui reunir argumentos suficientes para desacreditar totalmente dessa teoria. Principalmente porque grande parte de meu sucesso tem muito a ver com a idéia da Lei da Atração.

Já lhe contei, na primeira carta, que meu primeiro emprego não aconteceu por realização de um sonho propriamente dito, mas sim por um acidente do destino e, principalmente, porque como recém-formado eu já estava bastante interessado em encontrar uma forma de ganhar dinheiro. Em pouco tempo, estava lecionando Finanças, não necessariamente apaixonado pelo que eu fazia, mas começando a obter uma boa renda. Foi quando, usando as teorias que eu mesmo tirava dos livros de Finanças nas aulas, decidi fazer as contas e simular a possibilidade de conquistar minha independência financeira, poupando metade do que eu ganhava como professor. Na época, os juros elevados da economia brasileira e minha solteirice permitiram vislumbrar um futuro fantástico em um prazo não muito longo. Morando com meus pais, poupar era possível; com rendimentos fartos, multiplicar meus pés de dinheiro era uma verdadeira moleza! Pelas minhas contas, meu primeiro milhão poderia chegar antes dos 40 anos de idade. Nada mau para quem, até poucos anos antes, estava topando trabalhar até com o que não gostava para ganhar o pão.

Fiquei tão impressionado com a possibilidade da independência financeira que comecei a falar dela para amigos, familiares, namorada e, principalmente, para meus alunos. Usando argumentos da Lei da Atração (que, na época, eu desconhecia), comecei a energizar meu plano e a falar aos ventos da fé que eu tinha em meu projeto. Ter comentado com a namorada acabou resultando em casamento, uma das decisões mais ricas de minha vida, como contei em meu best-seller *Casais inteligentes enriquecem juntos* (Editora Gente). Mas, ao falar dos resultados de aplicar teorias financeiras simples na vida pessoal, os alunos de pós-graduação começaram a demandar aulas específicas de Finanças Pessoais, e algumas delas resultaram em convites para palestrar sobre o assunto para diversos públicos. As palestras ganharam repercussão e se transformaram em meu primeiro livro, *Dinheiro – Os segredos de quem tem* (Editora Gente). Tamanha era minha convicção na viabilidade de meus projetos pessoais que os argumentos ganharam o interesse da mídia e fizeram de meus livros um grande sucesso. Hoje, vivo em função dos livros, entre entrevistas, palestras e artigos para jornais e revistas. Fiquei milionário, sim, seguindo um projeto que acabou se concretizando muito antes do esperado porque, simplesmente, eu acreditei muito nele. No começo, trabalhei pelo dinheiro; hoje, só trabalho se for por muito dinheiro! Percebeu a diferença?

É por isso que não consigo desdenhar da Lei da Atração, mas acredito, também, que somente a fé não o levará a lugar algum. Seus sonhos se concretizarão se você fizer bons planos para conquistá-los e se acreditar com muita fé no sucesso de seus planos. Não acredito que apenas a fé seja suficiente. É o conhecimento do caminho a percorrer, mais a sua capacidade de agir, que determinarão o sucesso ou insucesso de seus projetos pessoais.

E há ainda uma característica curiosa por trás dos projetos de longo prazo. Quanto mais bem-feitos e minuciosos forem seus planos pessoais, menor será a probabilidade de eles acontecerem conforme o previsto. Sim, você não entendeu mal: planos bem-feitos tendem a não dar certo. Afirmo com a experiência de quem acompanhou mais de duas centenas de famílias por alguns anos que, quanto mais detalhados forem seus planos, mais ajustes você poderá fazer de tempos em tempos com o acúmulo de conhecimento e experiência própria. A energia que a Lei da Atração diz que seus projetos merecem pode ser pura e simplesmente traduzida em revisões periódicas de suas estratégias e metas. Se você traça um plano hoje, com o conhecimento que tem, é inevitável que tenha melhorias a fazer nos próximos meses, se dedicar algumas poucas horas a pesquisar mais informações que possam ser úteis em seu projeto pessoal. Planos bem-feitos tendem a gerar resultados bem melhores do que os previstos inicialmente. Acredito que isso faça sentido para você.

Entretanto, você já deve estar se perguntando sobre o que seriam os tais "planos" e "projetos" pessoais, aos quais tanto me refiro. Um planejamento financeiro pessoal pode ser bastante complexo, principalmente para quem já tem família constituída e filhos, pois quem tem pessoas que dependam de sua renda precisa fazer boas escolhas sobre previdência, investimentos, seguros, planos de saúde, herança, consumo, planos para educação e qualidade de vida. Porém, quero restringir minhas orientações a seu plano pessoal de investimentos, o qual pode lhe trazer ótimos resultados mesmo sem precisar ser muito complexo.

Para cada objetivo que você pretende realizar, é necessário reunir algumas variáveis importantes para avaliar a viabilidade de seu plano. São elas:

- Qual **objetivo** você pretende alcançar, em termos de valor?
- Durante quanto **tempo** pretende poupar?
- De quanto **dinheiro** dispõe para poupar mensalmente?
- Qual a alternativa de **investimento** que você escolheu, e qual a **rentabilidade** média esperada para este tipo de investimento, segundo a opinião de especialistas?

- Qual a **segunda opção** de investimento, caso o que você escolheu não apresente os resultados esperados?
- Quando e quanto será pago de **Imposto de Renda** sobre o lucro obtido com seu investimento?
- Qual é a **inflação** média que você deve considerar em seus planos?
- De quanto em quanto tempo você pretende **revisar** seus planos?

Tendo as informações anteriores em mãos, construir um plano é apenas questão de fazer contas. Se você não conhece os conceitos básicos de matemática financeira, recomendo que acesse meu site www.maisdinheiro.com.br e selecione o link Simuladores. Lá, você encontrará o Simulador de Poupança, o qual poderá alimentar com as informações que sugeri, além de descobrir diversos caminhos para conquistar o seu objetivo.

Apenas como aperitivo para seus planos, ofereço algumas sugestões de contas simplificadas que você pode utilizar para dar os primeiros passos em seu planejamento. Por exemplo, digamos que você disponha de R$100 para aplicar mensalmente. Se você decidir aplicar seus R$100 todos os meses em uma alternativa de investimento que lhe renda apenas 0,3% ao mês – equivalente a uma média conservadora da Caderneta de Poupança, já descontada a inflação média mensal – acumulará o seguinte, em valores de hoje (estou descontando a inflação do cálculo, o que quer dizer que o valor final será sensivelmente maior do que os números a seguir):

- R$1.220 após 12 meses (R$1.200 aplicados e R$20 de ganhos);
- R$6.563 após 5 anos (R$6.000 aplicados e R$563 de ganhos);
- R$14.419 após 10 anos (R$12.000 aplicados e R$2.419 de ganhos);
- R$35.074 após 20 anos (R$24.000 aplicados e R$11.074 de ganhos);
- R$64.664 após 30 anos (R$36.000 aplicados e R$28.664 de ganhos).

Mas, se optar por perseguir uma alternativa de investimento que lhe renda mais, os resultados podem ser bastante diferentes. Falo em *perseguir* porque investimentos com rentabilidade diferenciada não mantêm seus ganhos por muitos anos e, por isso, você terá de ter certa atividade e rever seus investimentos de tempos em tempos. Por exemplo, se a rentabilidade de sua escolha for de 0,6% ao mês (já descontados o Imposto de Renda, que não existe na Caderneta de Poupança, e a inflação), os resultados obtidos serão bem maiores do que o dobro, no longo prazo:

- R$1.240 após 12 meses (aparentemente, quase nenhuma diferença, mas compare o efeito do tempo nos demais prazos);
- R$7.196 após 5 anos (R$6.000 aplicados e R$1.196 de ganhos);
- R$17.500 após 10 anos (R$12.000 aplicados e R$5.500 de ganhos);
- R$53.376 após 20 anos (R$24.000 aplicados e R$29.376 de ganhos);
- R$126.923 após 30 anos (R$36.000 aplicados e R$90.923 de ganhos).

Se você ainda não se entusiasmou com a idéia de perseguir alternativas de investimento mais eficientes, veja o que acontece com os mesmos R$100 aplicados todos os meses se sua rentabilidade for de 1% ao mês:

- R$1.268 após 12 meses (R$1.200 aplicados e R$68 de ganhos);
- R$8.167 após 5 anos (R$6.000 aplicados e R$2.167 de ganhos);

- R$23.004 após 10 anos (R$12.000 aplicados e R$11.004 de ganhos);
- R$98.926 após 20 anos (R$24.000 aplicados e R$74.926 de ganhos);
- R$349.496 após 30 anos (os resultados mais impressionantes são os de longo prazo).

Se o valor mensal que você tem a poupar é diferente de R$100, basta utilizar o conceito de múltiplos para chegar ao seu resultado. Por exemplo, se você consegue poupar R$200 todos os meses, obterá algo muito próximo do dobro informado em cada exemplo anterior.

Outra forma de traçar seus planos é partindo das metas a atingir, ao invés do valor a poupar. Por exemplo, digamos que você tenha como objetivo juntar R$100 mil. Considerando o mesmo exemplo da aplicação financeira com rentabilidade de 0,3% ao mês, o esforço mensal a fazer dependerá do prazo que você tem pela frente:

- R$8.197 mensais durante 12 meses;
- R$1.524 mensais durante 5 anos;
- R$694 mensais durante 10 anos;
- R$285 mensais durante 20 anos;
- R$155 mensais durante 30 anos.

Se a rentabilidade obtida for melhor, o impacto é tão surpreendente quanto nos exemplos anteriores. Veja como seu esforço diminui se a rentabilidade obtida é de 0,6% ao mês:

- R$8.062 mensais durante 12 meses (mais uma vez, pouca diferença quando o prazo é pequeno);
- R$1.390 mensais durante 5 anos;
- R$571 mensais durante 10 anos;
- R$187 mensais durante 20 anos;
- R$79 mensais durante 30 anos.

Ou, aproveitando o embalo, mostro como os resultados são mais interessantes, quando a rentabilidade perseguida é de 1% ao mês:

- R$7.885 mensais durante 12 meses;
- R$1.224 mensais durante 5 anos;
- R$435 mensais durante 10 anos;
- R$101 mensais durante 20 anos;
- R$29 mensais durante 30 anos.

Obviamente, você deve estar se perguntando sobre qual é o investimento que rende 1,0% ao mês para quem pode aplicar apenas R$29. Tenho muito a lhe orientar sobre alternativas de investimento, e farei isso nas cartas que escreverei depois. Talvez a resposta a essa dúvida não esteja no mercado financeiro, e sim em pequenos negócios que você pode fazer.

Mas, independentemente da escolha feita, você deve se lembrar de incluir em suas simulações o desconto de imposto de renda (informe-se a respeito junto ao gestor do investimento) e a dedução da inflação de seus rendimentos. Se não levar em conta este último efeito, você atingirá apenas resultados ilusórios, pois mil reais daqui a dez anos não comprarão o mesmo que mil reais compram hoje. Se seu objetivo inicial é juntar R$1 milhão, por exemplo, as contas serão feitas para que você acumule um valor equivalente a R$1 milhão em valores de hoje, corrigidos pela inflação, como fiz nos exemplos desta carta. O número final será bem maior.

Simule os diferentes esforços a fazer para cada objetivo de longo prazo. Se você tiver habilidades mínimas em usar uma planilha eletrônica, como o simulador que ofereço no site, este exercício será mais fácil. Não é preciso investir recursos separadamente para cada objetivo, desde que, ao concentrar tudo em um único investimento, você saiba qual fatia corresponde a cada objetivo.

Ao contar com certo valor mensal para garantir o sucesso de seu plano, jamais seja otimista em suas expectativas de economizar para que sobre dinheiro para investir. Assuma planos que sejam viáveis com certa folga e que dependam de uma renda que você não tem dúvidas de que irá receber.

Tenha também um Plano B, uma alternativa de investimento para a qual você migrará seus recursos caso perceba que sua escolha principal não irá se desempenhar como imaginava. Mantenha-se tão informado em relação a seu Plano B quanto se mantém em relação à sua escolha principal.

E não se esqueça de determinar uma periodicidade com a qual você revisará cuidadosamente seu plano. Sugiro que, pelo menos uma vez por ano, você faça isso. Eu escolhi a manhã da data de meu aniversário, a qual decretei como feriado mundial pessoal, para checar meus projetos pessoais e recalibrá-los. É quando eu ajusto minhas metas pela inflação, mudo meus objetivos de investimento – no meu caso, deixo de investir em algumas ações e passo a investir em outras – e organizo um rebalanceamento de minha carteira de investimentos.

Entender o rebalanceamento é simples. Eu adoto uma meta de composição de minha carteira de investimentos. Por exemplo, houve época em que minha carteira tinha como objetivo ter 75% em ações e 25% em alternativas mais conservadoras. Mas, se eu tivesse distribuído minhas aplicações mensais nessa proporção e a bolsa tivesse tido um desempenho ruim, minha carteira teria um resultado, ao final do ano, com mais do que 25% em investimentos conservadores e menos do que 75% em ações. Na data do rebalanceamento, eu resgataria a parcela excedente dos investimentos conservadores e migraria para as ações. Após um período de grande alta na bolsa de valores, minha decisão seria pelo caminho contrário: vender ações para aplicar em fundos conservadores. Na prática, essa postura assegura que eu sempre concentrarei compras de ações na baixa de preços e venda de ações na alta.

As orientações que listei nesta carta são as variáveis básicas que todo plano de investimentos deve ter. Talvez, ao estudar mais sobre o assunto, você encontre outras variáveis que pareçam ser igualmente importantes, como estratégias para abandonar um investimento (conhecidas por *stop loss*) ou a contratação de um serviço especializado de orientação. Pessoalmente, considero outras variáveis apenas acessórias, pois o sucesso de um plano não depende da existência delas. Mas da existência das variáveis que apresentei eu asseguro que seu plano não irá prescindir.

Eu não poderia encerrar esta carta sem lembrá-lo de que a vida não é feita apenas de planos financeiros, pois nem tudo na vida é feito apenas de gastos. Por isso, recomendo que, além dos planos feitos para viabilizar a realização financeira de seus objetivos, você adote também um hábito que passei a adotar há não muito tempo: o de fazer uma lista de objetivos que gostaria de concretizar dentro de certo prazo. No meu caso, criei uma lista das 100 coisas que pretendo fazer nos próximos cinco anos. Não é fácil, mas é divertido! A cada conquista, assinalo o objetivo alcançado e vou acompanhando o percentual de sucesso de meu projeto pessoal.

Minha lista inclui várias coisas que são muito importantes para mim, como rever amigos que não vejo há muitos anos, ler certa quantidade de livros, atingir algumas metas pessoais de doações a quem precisa, plantar determinado número de árvores e assistir ao vivo a alguns eventos esportivos que curto muito. Mas é minha lista pessoal, e sugiro que você dedique algumas horas de sua vida a bolar sua própria lista. Garanto que será divertido. Só não deixe de fazer planos!

G. C.

6. O QUE PODERÁ ATRAPALHAR SEUS OBJETIVOS

Caro investidor,

Se eu consegui motivá-lo a fazer planos, ótimo! Talvez este seja o passo mais importante de todo o processo de enriquecimento. Porém, é muito comum deparar com pessoas que tiveram ótimos planos feitos no passado, mas que abandonaram seus bons planos subitamente diante de uma dificuldade, um obstáculo, ou até mesmo diante do desânimo de não perceberem que seus planos evoluíam conforme o esperado.

Sendo bastante franco, eu diria que enriquecer é quase uma batalha inglória, uma guerra em que um exército de um homem só (ou, no máximo, de dois ou três soldados, no caso de uma família) posiciona suas estratégias para alcançar um alvo que não será comemorado por muitas pessoas. É você e seu plano para alcançar um objetivo que é só seu. Chamo de guerra porque, do outro lado, todos os dias um grande exército, muito numeroso e habilidoso nos argumentos, tenta destruir seu objetivo de enriquecer.

São incríveis campanhas de marketing tentando convencê-lo a comprar o que você não quer ou não precisa, vendedores ocultando os defeitos de produtos de má qualidade, gerentes de banco oferecendo alternativas de crédito e poupança que deterioram seu poder financeiro e parentes e amigos que tentam convencê-lo de que você merece itens de conforto que não pode pagar. Sim, até pessoas queridas estão contra nossos planos, pois não se pode desprezar o fato de que vivemos em um país de analfabetos financeiros, em que o sucesso das instituições financeiras se deve em grande parte à ingenuidade das pessoas na hora de fazer escolhas para seu dinheiro.

É muito comum recebermos orientações empobrecedoras, como "prefira pagar seu financiamento em um prazo maior", "quem casa quer casa", "peça a seu gerente um limite maior no cheque especial", "nada como investir na segurança do dólar" ou "investir em ações é um jogo de sorte ou azar". Se você se surpreendeu com minha repreensão a algumas das frases citadas, cabe esclarecer: financiamentos devem ser quitados o quanto antes (a não ser que você faça lucros com eles); jovens recém-casados tendem a enriquecer mais facilmente optando por pequenos imóveis alugados; cheque especial só deve ser utilizado em situações extremas e por pouco tempo; dólar não é investimento, mas sim proteção; e investir em ações não é um jogo, é apenas comprar seletiva e conscientemente o direito de participar dos resultados das empresas (é questão de escolher boas empresas, e ponto). Questione a informação que lhe trazem diariamente, pois os brasileiros ainda estão nos primórdios do aprendizado financeiro.

Há outra dificuldade muito comum entre todos os jovens investidores (não necessariamente jovens na idade), que é aprender a limitar ou eliminar vícios de qualquer natureza. Não existe investimento sem antes existir sobras de recursos. Em outras palavras, para você ter sucesso nos investimentos é preciso gastar menos do que ganha. Por mais simples que possa parecer a idéia, todos sabemos da dificuldade de trocar o prazer ou o desfrute presente pela segurança no futuro. A questão exige muito mais controle emocional do que habilidades racionais, mas o segredo do sucesso está no equilíbrio.

Para conseguir garantir sobras de recursos para investir regularmente, você terá de driblar sua impulsividade no consumo. Se a impulsividade estiver fora de controle, será chamada de compulsão, caso em que talvez você precise da ajuda profissional de um terapeuta para se controlar. Consumir não é errado, se você tem recursos tanto para isso quanto para garantir seu futuro. Mas há sinais de excessos que podem indicar uma tendência ao vício, e quanto antes você detectar tais sinais e tomar providências, mais fácil será corrigir o problema.

Por exemplo, não há nada de errado em tomar um chope com os amigos regularmente. Mas, se você entende regularmente como sinônimo de diariamente, algo está errado. Vestir-se bem é também uma qualidade, não um defeito; desde que você não tenha em seu guarda-roupa 40 camisas ou 30 pares de sapatos. Esses são casos típicos de vícios, normalmente originados pela força do marketing de consumo, ou por uma necessidade adolescente (não necessariamente exclusiva dos adolescentes) de incluir-se em um grupo imitando determinados hábitos. Grandes drenos de dinheiro são originados apenas na necessidade de imitar o comportamento de um grupo, seja na forma de utilização de drogas (bebidas, alucinógenos, cigarros, charutos e afins), seja na busca por status (consumo de vinhos, carros, relógios, jóias, grifes, restaurantes e tratamentos de beleza a preços totalmente desproporcionais com o benefício obtido).

Há quem seja viciado em dívidas, tendo se acostumado a utilizar recursos de terceiros e pagar juros sem considerar isso um problema grave para sua vida. Uma pena... Não contar com sobras de recursos para investir já é sinal de grave deficiência financeira. Viver consumindo mais recursos do que você já ganhou, então, é certeza de uma vida desastrada em termos financeiros.

Quando comecei a atender famílias, estava certo de que, com minhas orientações, transformaria significativamente para melhor muitas vidas. E consegui, na maioria dos casos. Mas, para minha frustração, algumas consultorias esbarraram em obstáculos que eu não previa, que acabaram resultando na desistência dos clientes pelos meus serviços. Atendi um cliente que gastava R$4 mil por mês em restaurantes, equivalente a 50% de seus ganhos mensais e que, diante da proposta de economizar um quarto deste valor, rebateu com veemência: "disto eu não abro mão!". Em quatro ou cinco casos, propus aos casais que tentassem conversar abertamente sobre os gastos da família; bastava um deles se ausentar da sala para ir ao banheiro que o outro, normalmente o homem, agarrava meu braço e explicava com suor na testa e olhos arregalados: "cara, você vai acabar com meu lazer fora de casa!".

Realmente, será mais fácil se concentrar em seus projetos e contar com o apoio da família se você não tiver vícios, se não tiver adoração por dívidas e se se cuidar para não ter de sustentar mais de uma família.

E faço uma importante ressalva: vício não tem nada a ver com *hobbies*, atividades prazerosas nos momentos de lazer, às quais você dedica tempo e atenção acima da média. Defendo que as pessoas tenham suas manias, seus hábitos de lazer intensos, seus *hobbies* e suas coleções. Desde que estas opções sejam feitas com sabedoria e moderação, não inviabilizando uma vida financeiramente equilibrada. Repito: equilíbrio é o segredo do sucesso financeiro.

Além dos vícios, outro fator que pode levá-lo a desistir de seus planos é o desânimo diante da falta de resposta de seu projeto pessoal. Para quem não detalha seu planejamento a ponto de conhecer um caminho esperado e acompanhar metas parciais, fica a impressão de que o plano não dará certo. É como se você chegasse ao meio do tempo esperado para concluir sua viagem e visse que ainda falta muito mais do que metade dela. Essa sensação é comum, causada pelo **efeito exponencial** dos investimentos.

Se, por exemplo, você optar por acumular R$1 milhão em 20 anos, investindo regularmente em algo que lhe renda ganhos de 1% acima da inflação (já descontado o Imposto de Renda), terá de investir cerca de R$1.011 mensais para atingir seu objetivo, não se esquecendo de atualizar os R$1.011 pela inflação ao menos uma vez por ano. Porém, veja como evoluirá o saldo de seu investimento ao longo do tempo:

Prazo decorrido	Total aplicado	Juros ganhos	Saldo do investimento
1 ano	R$12.132	R$690	R$12.822
2 anos	R$24.264	R$3.006	R$27.270
5 anos	R$60.660	R$21.908	R$82.568
8 anos	R$97.056	R$64.630	R$161.686
10 anos	R$121.320	R$111.249	R$232.569
15 anos	R$181.980	R$323.096	R$505.076
20 anos	R$242.640	R$757.497	R$1.000.137

Veja como as notícias não são boas nos primeiros anos. No primeiro ano é feito um grande sacrifício em termos de comprometimento do consumo – R$12.132 – e o resultado desse sacrifício é um ganho de apenas R$690. Passados cinco anos de seu plano de conquistar o milhão (um quarto do prazo total), você terá um saldo de pouco mais de R$80 mil. Na metade do prazo, não terá acumulado sequer um quarto do valor de seu objetivo. Essa sensação de insucesso é o principal motivo que leva muitos investidores a desistirem de seus planos antes de conquistarem seus objetivos. A sensação que temos é que erramos na conta.

Porém, se você tiver uma visão completa de seu plano e conhecer as metas intermediárias ano a ano, saberá que está no caminho certo. Perceba que a metade do objetivo, meio milhão de reais, é atingida somente após 15 anos de poupança, faltando apenas cinco anos para concluir seu plano. Perceba também que, ao conquistar seu milhão, com uma rentabilidade média de 1% ao mês, você terá obtido esse sucesso com um quarto dos recursos investidos por você e os outros três quartos obtidos da rentabilidade de seus investimentos. De cada semente de dinheiro plantada nasceram quatro árvores. Diga se não é motivante!?

A tabela que apresentei é um ótimo exemplo de como funcionam os juros compostos. Quanto maior a rentabilidade, maior será o efeito multiplicador de seus investimentos. Pense duas vezes, portanto, antes de desistir de seus planos. Uma boa dica para dar força a seus projetos pessoais é fazê-los por escrito e detalhadamente. Saiba o que você quer, quando poderá alcançar e qual será o caminho a percorrer. Ao assumir compromissos por escrito, você sentirá que estará firmando uma espécie de contrato com você mesmo. Não acredita? Experimente e veja como funciona!

G. C.

7. ATITUDE DE QUEM COMEÇA

Caro investidor,

Uma das sensações mais angustiantes que todo investidor iniciante sente, principalmente os investidores jovens, é a de não saber por onde começar. Eu passei por isso, todo iniciante passou por isso. No início, o sucesso parece distante demais de nossa realidade. Sentimos que estamos atrasados em termos de conhecimento, ou que os profissionais que atuam em grandes bancos e corretoras percorreram um longo caminho profissional para chegar lá. Como conseguiram? Quem os ajudou? Que cursos fizeram? Como fazer para estar no lugar certo, na hora certa? Haverá algum atalho para chegar lá? Ao buscar informações sobre o assunto, são tantos dados para digerir que a sensação de ignorância só se reforça, e muito.

A cada jornal ou revista que lemos, são tantas as dicas importantes encontradas que ficamos com a eterna sensação de estarmos despreparados e submetidos a um grande risco de errar se tomarmos alguma iniciativa no sentido de investir. Os investidores de sucesso demonstram ter um conhecimento tão incrível, que parece inalcançável. Porém, sugiro que você nunca superestime a capacidade dos outros, nem subestime a sua.

O aprendizado depende de envolvimento, e o envolvimento depende de você tomar alguma atitude. Lembro-me sempre de algumas situações em minha infância e adolescência, nas quais eu me sentia o cara mais alienado do mundo. Na escola, todos sabiam detalhadamente o que acontecia no campeonato brasileiro de futebol. Falavam dos jogadores como se falassem de um irmão ou tio, tamanho o conhecimento que tinham da vida pessoal e das características de jogo de cada um. Eu, que nunca tive grande paixão pelo futebol, ficava distante das conversas, tentando imaginar como meus colegas conseguiam decorar os nomes de todos os jogadores e a letra do hino dos times para os quais torciam. Por outro lado, eram raros os amigos com os quais eu conseguia comentar os lances mais emocionantes do automobilismo, esporte do qual eu e meu pai sempre fomos fãs incondicionais. Desde criança, sempre soube listar os nomes de todas as equipes de Fórmula 1 e seus pilotos, inclusive marcas de motores e pneus de cada uma. A diferença entre meus amigos e eu foi na iniciação. Enquanto eles foram intensamente envolvidos com o futebol, meu pai – um perna-de-pau, na linguagem futebolística – introduziu-me em outros esportes.

No mundo dos investimentos, até tive alguma influência de meus pais, que sempre procuraram investir em imóveis. Mas a influência foi negativa. Meu pai sempre trabalhou com materiais de construção, o que me levava a estar, vez ou outra, consumindo parte de minhas horas de lazer visitando lojas do setor. Quando deparava com ele investindo em imóveis, para mim ele estava fazendo o mesmo que fazia durante suas horas de trabalho – envolvendo-se com materiais de construção. Talvez, por isso, tenha constituído certo bloqueio mental contra este tipo de investimento, e tenha buscado no mercado financeiro meu impulso inicial para cuidar de meu dinheiro.

Desde pequeno, lembro-me de meu avô Bronius voltando do banco com sua Caderneta de Poupança. Você deve se perguntar: "Como assim, voltando do banco *com* a Caderneta?" É que, há alguns anos, sem a automação que temos hoje, cada vez que depositávamos ou sacávamos dinheiro da Poupança, o caixa do banco registrava a operação em uma Caderneta, um caderninho, através do qual tínhamos ciência de nosso saldo.

Como não poderia deixar de ser, minha primeira experiência no mundo dos investimentos foi com a Caderneta de Poupança. Porém, rapidamente descobri que eu perdia mais dinheiro pagando as tarifas mensais do banco do que ganhava com o investimento feito. A vontade que eu tinha era de tirar o dinheiro do banco o quanto antes, para acabar com aquela injustiça.

A injustiça só acabou, na verdade, quando encerrei minha conta naquele banco, ao entrar como estagiário em outro banco e passar a ter direito a uma conta corrente sem nenhum tipo de tarifa. Como estagiário de um banco, descobri duas coisas importantes: primeiro, que bancário ganha pouco; segundo, que é uma das mais privilegiadas atividades profissionais. Apesar de ganharem pouco, os bancários têm acesso a rentabilidades diferenciadas em seus investimentos, uma vez que os bancos retiram as taxas dos serviços prestados, como planos de previdência sem taxa de carregamento ou CDBs com maior rentabilidade, por exemplo. Sabendo usar bem o pouco que ganham, bancários têm grande potencial de multiplicação de riqueza em suas vidas.

Foi como estagiário de banco que tive a oportunidade de entender a fundo todos os tipos de investimentos e alternativas de crédito oferecidas. Foi também em meu trabalho em banco que passei a não me conformar com a ingenuidade dos clientes. Apesar de todo o esforço da instituição em criar produtos eficientes e inteligentes, eles eram pouco demandados pelos clientes. Os bons produtos estavam lá, à disposição de todos, mas a maioria preferia os produtos de segunda linha, mais conhecidos e populares. Entendi também o porquê dessa preferência: para a maioria dos clientes, os produtos mais complexos pareciam tão complicados que os assustavam. Melhor era contar com a Caderneta de Poupança, sem impostos, sem regras complicadas, e com a certeza de que o saldo crescerá a cada mês. Pouco, mas crescerá...

O problema está em fugir dos problemas, ao invés de enfrentá-los e minimizá-los. É tão difícil entender toda a burocracia de uma simples abertura de conta-corrente em banco que o jovem investidor acaba criando resistências psicológicas contra processos supostamente mais complicados. Tire isso de sua cabeça.

Se você ainda não abriu conta-corrente em banco, será o primeiro passo. É no banco que você estará funcionando dentro das regras de mercado. Mas, em hipótese alguma, acredite que, abrindo uma conta em um banco, você terá à sua disposição alguém fazendo o melhor possível para seu dinheiro. Isso não existe; bancos fazem o melhor possível para o dinheiro dos banqueiros, dos acionistas do banco. Para os clientes, o processo envolve fazer o mínimo possível para que você se sinta satisfeito com o serviço.

Não estou atirando pedras contra os bancos. É assim que o mundo funciona. Tentam nos enganar 24 horas por dia! Não é por maldade; é por sobrevivência. Vendedores tentam ocultar as limitações e deficiências daquilo que vendem, e tendem a exagerar nas qualidades. Trabalhadores normalmente fazem o mínimo possível para conseguir obter o máximo possível de ganhos – normalmente, quem quebra essa regra e se supera é aquele que será promovido antes dos outros. Percebi, com o nascimento de meu filho, que um bebê é enganado desde seu nascimento! São inúmeros truques para fazê-lo dormir, para acertar seu ritmo de sono e para acalmá-lo. Chupeta é a maior mentira do mundo das crianças! E, ao longo da vida, receberemos inúmeras chupetas para nos acalmar. É a agendinha barata que recebemos de brinde do banco no final do ano que nos faz esquecer as tarifas astronômicas, é o tapete de borracha que ganhamos ao comprar o carro que nos faz esquecer de negociar, é o brinde que ganhamos ao assinar a revista que não queremos que nos faz esquecer que não temos necessidade de lê-la, ou é o suco grátis que ganhamos no restaurante que nos faz relevar a porcaria da comida.

Aja como se estivesse sendo enganado, para que você consiga seus reais direitos. Brigue pela redução de tarifas, pesquise sempre a concorrência, esteja sempre insatisfeito com a primeira resposta. Geralmente, o primeiro atendimento nos causa uma impressão maravilhosa – é o que chamamos de "venda". É só a venda se concretizar para que o relacionamento mude completamente. Você será cobrado por tarifas que não deve, a Internet deixará de funcionar exatamente quando você mais precisar ou terá de entrar em contato por telefone e perder horas para resolver um problema criado pelo banco ou pela corretora. A resposta costuma ser sempre a mesma: "é um problema de sistema". Mas, independentemente da resposta, jamais aceite uma desculpa e exija compensações pelas perdas, sejam elas financeiras ou de tempo. Se as compensações não acontecerem, esteja sempre preparado para mudar de instituição. Provavelmente, você trocará várias vezes de instituições até encontrar aquela que realmente o atenderá bem. Isso vale para bancos, corretoras de valores, leiloeiros e imobiliárias, e também para qualquer tipo de consumo. Fidelidade é bobagem, a não ser que você realmente seja muito bem tratado.

Com relação aos investimentos, o raciocínio é o mesmo. Investimento oferecido de maneira muito motivada tende a ser ganho maior para o banco ou para o corretor do que para você mesmo. Bancos tendem a incentivar o investimento em fundos, ou produtos com maior margem de ganhos para a instituição. Corretoras de valores tendem a incentivar operações que envolvam muitas compras e vendas de ações, pois elas lucram no ganho de corretagens a cada compra e venda. Imobiliárias, nem seria preciso dizer, incentivam sempre a venda de imóveis que estão "micados" há mais tempo.

Jamais confie cegamente em uma oferta; em hipótese alguma, concentre seus investimentos em algo que não conhece. Enquanto não tiver certeza do que está fazendo, comece com pouco dinheiro. Ao invés de comprar a idéia, prefira degustá-la. Esse será um processo presente em toda a sua carreira de investidor; quanto mais dinheiro tiver, mais concentrará no que conhece bem, mas sempre estará degustando novas oportunidades de investimento com uma pequena parte de sua riqueza. É assim que os investidores crescem.

G. C.

8. SOBRE O QUE DIRÃO PARA DEMOVÊ-LO DA IDÉIA DE ENRIQUECER

Caro investidor,

É importante que você saiba que, a partir do momento que decidir aumentar seu patrimônio utilizando as alternativas mais conhecidas e recomendadas do mercado, inúmeras pessoas aparecerão para desmotivá-lo e para dizer que você pode estar escolhendo o caminho errado. Normalmente, serão pessoas mais velhas, dizendo que já perderam muito dinheiro na vida por acreditarem em investimentos de risco e que você deveria seguir os conselhos deles e preferir a boa e velha Poupança ou a segurança de um imóvel.

Minha sugestão é que você ouça o que essas pessoas têm a dizer, mesmo porque a idade a mais o obriga a dedicar algum respeito às idéias delas. Mas não aceite sugestões sem pedir argumentos que expliquem e fundamentem as mesmas. Quando questionarem seus investimentos em planos de previdência, ações, imóveis na planta ou em empresas que estão abrindo seu capital na bolsa de valores, lembre-se de ir a fundo na pesquisa sobre a alternativa que você escolheu para multiplicar seu dinheiro.

Quem acumula quase meio século de vida neste início de milênio já viu a previdência privada quebrar duas vezes, já passou por uma quebra na bolsa de valores na década de 1980, assistiu (ou sofreu com) à quebra de bancos que estavam entre os maiores do país e viu muita gente perder dinheiro acreditando no sucesso de investir em bois, avestruzes ou pirâmides de negócios que dependiam da euforia das pessoas na busca de dinheiro. Até quem confiou na sólida, sagrada, segura e previsível Caderneta de Poupança levou uma rasteira do então presidente Fernando Collor de Mello, que proibiu resgates e correções de valor durante um período em que a inflação destruía o poder de consumo de nosso dinheiro em questão de semanas. Houve quem morreu por ter sido proibido de resgatar dinheiro da poupança para comprar medicamentos!

Aqueles que passaram por essas experiências têm toda razão de reclamar e de lhe recomendar cautela. Mas é bem provável que aqueles que perderam muito por confiar no sistema, no passado, ignorem hoje as transformações pelas quais passou o Brasil e o impacto de tais mudanças na segurança de nossos investimentos. Os diversos motivos para perdas de quem confiou seu dinheiro a alguém foi o grande pedágio pago pelos brasileiros para chegar aonde chegamos, com uma economia sólida, mais previsível, mais segura e com instituições com regulamentos bem mais rigorosos no tocante à proteção dos investidores. Apesar de muitos brasileiros duvidarem dessa segurança maior, grandes investidores estrangeiros já notaram que o ambiente está mais favorável aos investimentos e trouxeram seus dólares e euros para cá, derrubando a cotação das moedas estrangeiras em relação ao real.

Se a previdência privada quebrou no passado, é porque ela carecia das regras de solidez e do volume de aplicações que tem hoje. Não está livre de oferecer riscos a seus contratantes, mas tais riscos são controlados e têm probabilidades reduzidíssimas de perdas. Se grandes bancos quebraram, é porque não contavam com as exigentes e rigorosas regulamentações impostas para garantir liquidez às suas operações – hoje, quando um banco empresta dinheiro, é obrigado a cobrir todo o risco das operações com recursos parados em caixa, para garantir que os clientes aplicadores não percam dinheiro. O bloqueio da Poupança aconteceu porque havia, na época, um consumo desenfreado causando um grande aumento da inflação. Enquanto a inflação brasileira estiver sob controle, não há motivos para esse gesto se repetir. E, caso venha a se repetir, certamente terá regras mais flexíveis para casos extremos.

Quem perdeu dinheiro apostando em bois, avestruzes e negócios que prometiam dinheiro fácil deve ter aprendido duas duras lições: a de que estelionatários sempre existiram e continuarão existindo, e a de que não há ganho fácil e abundante por muito tempo, a não ser que haja algo muito estranho ou ilícito por trás do investimento. Só para citar um exemplo comum, há anos recebo ao menos dez e-mails por mês perguntando minha opinião sobre operações de renda fixa, muito comuns em cidades de pequeno e médio portes, em que "alguém muito conhecido" garante o pagamento de juros da ordem de 1,5 a 3% ao mês sobre o dinheiro que emprestamos a ele. Normalmente, essa operação é segura e seu dinheiro cresce até o dia em que o tal agiota é preso em uma operação da Polícia Federal e toda a sua poupança vai embora nos leilões dos bens dele após a prisão.

O Brasil mudou tanto que até o espaço para investimentos com risco excessivo ou más intenções ocultas ficou limitado, sob a mira atenta da Comissão de Valores Mobiliários (CVM), o grande xerife do mercado de investimentos no Brasil. Hoje, todo negócio que se propõe a gerar renda ou induzir as decisões de investimento de pessoas físicas e jurídicas deve passar pelo crivo da CVM. Se você recebeu uma recomendação de investimentos e não encontra informações sobre eles em lugar algum, nem com menção à regulamentação pela CVM, desconfie. Talvez as pessoas mais velhas tenham algo a lhe dizer sobre este tipo de investimento.

É por isso que evito me cercar apenas de informações técnicas e de fontes de informação de alto nível de conhecimento. Apesar de saber que as opiniões de pessoas experientes que não investem podem estar defasadas, normalmente tais opiniões me dão pistas de quais perguntas devo fazer a quem administra os investimentos. Saber o motivo que levou alguém a perder dinheiro no passado e pesquisar se tal motivo não existe mais é um interessante exercício de aprendizado financeiro e econômico. Aprenda a extrair o máximo de suas fontes de informação. Se você não tem sequer uma fonte de informação, não deixe de ler a próxima carta que decidi preparar para você.

G. C.

9. FONTES DE INFORMAÇÃO

Caro investidor,

Além da sabedoria com que você utilizará seu tempo, outro fator determinante para seu sucesso financeiro é a qualidade das informações que você tem ou a seletividade com que trata as diversas fontes de informação disponíveis. Informação não é mais artigo de luxo, disponível apenas a quem pague caro por ela. No mundo globalizado e ágil da Internet, a informação é abundante e acessível. As pessoas que optam por cursar especializações e pós-graduações não estão atrás apenas de conhecimentos, mas principalmente de relacionamentos, *networking*, e de diferentes interpretações para as possibilidades de utilização das informações disponíveis.

Em razão desse amplo acesso ao conhecimento, um dos mais graves erros que um jovem investidor pode cometer é buscar dominar todo tipo de informações disponíveis sobre determinada alternativa de investimento. Esqueça essa idéia, pois isso é humanamente impossível! O mercado financeiro e o mundo dos negócios dependem do contínuo surgimento de novas informações. Isso quer dizer que a maior parte das informações possui prazo de validade muito curto. Uma vez disponível, o conhecimento se torna público e é rapidamente aproveitado pelos investidores com acesso mais ágil aos fatos, provocando no mercado seus efeitos colaterais e rapidamente posicionando os preços dos investimentos em um nível que reflita tais efeitos.

Isso fica muito claro no mercado de ações, quando notícias positivas rapidamente causam aumento nos preços de negociação das ações e notícias ruins causam efeito contrário, mas igualmente intenso. A situação não é diferente em mercados em que os preços não são determinados por cotações instantâneas. Suponhamos que você coloque um terreno da família à venda, e que um interessado entre em contato e agende uma conversa pessoal no próprio terreno. Se, ao chegar lá, vocês se depararem com o terreno completamente inundado, isso não será motivo para a venda não acontecer; porém, esteja certo de que se o comprador fizer uma oferta, será por preço bem menor do que você imaginava receber.

Outro erro bastante comum aos iniciantes é tentar se aproximar o máximo possível do ambiente de trabalho dos operadores de mercado profissionais – conhecidos como *traders* – com o objetivo de aprender apenas pela convivência. Vejo jovens sem nenhum conhecimento de base e nenhuma experiência correndo atrás de cursos oferecidos pelos profissionais mais gabaritados do mercado, acreditando que nos cursos de uma tarde sairão com a chave do enriquecimento nas mãos. São duas as conseqüências desse tipo de busca: primeiro, o nível dos cursos cai de qualidade, pois o instrutor se vê obrigado a solucionar dúvidas primárias, que poderiam ser solucionadas nas mais básicas cartilhas gratuitas oferecidas na Internet; segundo, o aprendiz sai extremamente confuso, pois terá assistido a um curso para o qual não possuía conhecimentos de base para aproveitá-lo plenamente.

Reconheça que a habilidade em operações complexas vem com a experiência, e que a experiência está no final de um longo percurso. Faça a lição de casa, começando por livros e cursos básicos, e investindo de maneira mais conservadora. Assuma uma postura mais arrojada aos poucos, investindo em alternativas menos previsíveis com pouco dinheiro. Evite comparar seu desempenho com o de *traders* experientes (normalmente, você ficará sabendo do desempenho deles em cursos oferecidos pelas corretoras em que atuam), pois os profissionais, além de acessarem mais informação e em menos tempo do que você, contam com a experiência e com outros *traders* ao telefone para ajudá-los a refletir sobre suas decisões.

Aprendi com as inúmeras oportunidades que tive na vida que quantidade de informação é algo bem diferente de qualidade. Eu tirava melhores notas na escola atentando para as ênfases que meus professores davam a alguns exercícios, enquanto alguns colegas ralavam para estudar cada vírgula dos livros-texto. Hoje, a realidade é a mesma com meus investimentos. A cada trimestre, as empresas publicam um calhamaço de informações sobre seu planejamento e sobre seus resultados. Você poderia se especializar em Finanças e devorar todas aquelas informações para tomar suas decisões. Mas, se você for minimamente curioso e pesquisar sites de diversas corretoras de valores, perceberá que os melhores profissionais do mercado em devorar relatórios de investimento podem fazer isso para você e lhe indicar se um papel é ou não um bom investindo sem que você precise sequer pagar por tais análises. Não será a informação mais ágil, mas espero tê-lo convencido a não querer competir de igual para igual com os profissionais.

Além disso, pense duas vezes antes de pagar para receber informações no formato de relatórios. Normalmente, as alternativas mais seguras e de maior liquidez (maior facilidade de revenda) são as mais conhecidas e analisadas pelo mercado, e as informações completas sobre tais alternativas costumam ser fartamente disponíveis e abundantes. Profissionais caros que vendem relatórios caros são contratados para analisar dados pouco disponíveis, obtendo conclusões diferenciadas. Se você optar por investimentos diferenciados, tenha em mente que provavelmente dependerá, uma vez mais, de uma análise cara para se convencer do melhor momento de desinvestir. Isso significa assumir mais risco, o que não necessariamente traz qualidade para seu investimento.

Um último alerta que eu tenho a fazer sobre suas fontes de informação é sobre o perigo das dicas que parecem ser valiosíssimas, o que é chamado de *inside information*. Por definição, este termo define informações muito exclusivas que não podem "vazar" para o mercado, a fim de evitar que poucos investidores tomem decisões privilegiadas em relação à maioria. Não se iluda com uma possível *inside information*. Em um mercado pequeno, com poucos investidores, é possível restringir a informação entre um grupo pequeno de investidores por algum tempo, permitindo que eles lucrem bastante com a exclusividade dos fatos. É comum observar este efeito na valorização de terras próximas a uma via que será asfaltada em um município pequeno, por exemplo. Curiosamente, quando você descobre que determinada região irá se valorizar, geralmente há um parente de político vendendo seu terreno por um preço bem salgado naquela área. Como será que o fulano descobriu que iriam pavimentar a avenida em frente ao terreno que ele comprou há poucas semanas? Difícil evitar o vazamento de informações em mercados pequenos.

Porém, em um mercado com muitos participantes, como o mercado de ações brasileiro após a grande popularização de 2006-2007, normalmente a atenção, a fiscalização e as regulamentações são intensas, o que dificulta bastante que uma informação vaze antes de ser tornada oficialmente pública. É por este motivo que, a não ser que você trabalhe para uma empresa de auditoria das companhias de capital aberto, desconfie de toda dica preciosa que lhe trouxerem. Provavelmente é boato, e decisão baseada em boato ou palpites não é investimento, mas sim especulação. Ao especular, você está praticamente jogando, pois acredita conhecer mais do que os outros e que se dará bem em cima da falta de informação de sua contraparte. Como a informação com base na qual você decidiu é incerta, suas chances de acertar e ganhar são praticamente as mesmas de errar e perder. E investir, definitivamente, não é fazer escolhas contando com perdas.

Por isso, quando pensar em buscar mais informações, tenha sempre em mente o seguinte:

- Você nunca dominará toda a informação disponível sobre um assunto;

- Você deve evitar competir com *traders*;
- Nem sempre quantidade de informação significa qualidade. Aliás, isso raramente acontece;
- Nem sempre fontes mais caras de informação asseguram mais qualidade na tomada de decisão;
- Nas informações baseadas em palpites, *feeling* ou boatos, as chances de ganhos praticamente se equivalem às chances de perdas.

Por todos esses motivos, eu acredito que a melhor informação é aquela que você acumula da mesma maneira que deveria acumular patrimônio: devagar e sempre, dando um passo de cada vez. Ao invés de correr atrás de informações quando você sentir que é um bom momento para determinado investimento, procure se antecipar. Assegure seu acesso a fontes diárias de conhecimento, assinando jornais especializados em economia ou boletins enviados para seu endereço de e-mail pelas áreas de análise de corretoras de valores ou agências de notícias. Na maioria dos casos, tais boletins eletrônicos são totalmente gratuitos.

Só não se esqueça de dedicar algum tempo para degustar as informações selecionadas que você terá em mãos.

G. C.

10. SOBRE A FALTA DE TEMPO

Caro investidor,

Você certamente já ouviu falar que *time is money*, tempo é dinheiro. Se você se sente duro e sem tempo, então está duplamente pobre, com falta de duas riquezas essenciais para a qualidade de vida. Vejo no tempo uma das riquezas mais democráticas que existem, pois todos o têm em quantidades idênticas. Porém, como acontece com o dinheiro, alguns sabem utilizá-lo de maneira mais sábia e produtiva do que outros.

Sempre tive a limitação de tempo como um de meus maiores desafios na vida. Na adolescência, enquanto a maioria de meus colegas de classe estudava horas e horas para o vestibular, eu dedicava mais de quatro horas diárias à natação competitiva. Isso, teoricamente, me deixava em franca desvantagem em relação aos colegas da escola. A solução que meus colegas de clube e eu adotávamos era explorar ao máximo os momentos em sala de aula, não dando descanso ao professor enquanto a compreensão do assunto não fosse total.

Após a faculdade (aliás, após as duas faculdades, pois abandonei um curso de engenharia no terceiro ano), tive diversas oportunidades de fazer vários trabalhos ao mesmo tempo como consultor, professor, coordenador de cursos e estudante de pós-graduação. Percebi, naquela época, que quando eu conseguia algum tempo livre, tratava de ocupá-lo com alguma atividade, fosse ela um novo curso ou a prática diária de exercícios. Isso fazia com que as atividades restantes se mantivessem com a carga horária sempre apertada. A solução para isso? Simples: reconhecer que, independentemente do que fazemos, sempre teremos que fazê-lo utilizando com sabedoria o tempo, para que possamos fazer também outras coisas interessantes. É preciso fazer escolhas, definir a prioridade que você dará para o que quer de bom para a sua vida.

Aprendi com um dos mais renomados especialistas brasileiros em gestão do tempo, meu amigo consultor e escritor Christian Barbosa (www.triadedotempo.com.br), que ter tempo é mais uma questão de escolhas e não uma simples obra do acaso. Você deve ter notado que o que aprendi é exatamente a mesma regra que adoto para ter ou não dinheiro.

Não pretendo desviar do assunto de nossas cartas e iniciar a discussão de como administrar melhor seu tempo

– até porque não sou especialista nesse assunto –, mas não tenho como deixar de alertá-lo para a importância de priorizar seu tempo em prol de mais qualidade de seu planejamento financeiro. Sem tempo, dificilmente você conseguirá se organizar, não só para cuidar de suas finanças, mas também para administrar sua vida, incluindo documentos, planos pessoais, consultas médicas preventivas, comprovantes, compromissos e arquivos pessoais.

Utilizando uma pequena parte de seu tempo, você também perceberá que se dedicar ao aprendizado sobre seus investimentos é a forma mais consistente de se envolver com o mercado, construir *networking*, trocar opiniões e experiências, além de melhorar seu senso crítico para a hora de fazer escolhas. Não há desperdício de tempo no ato de aprender sobre dinheiro, pois temos hoje, no Brasil, uma economia cada vez mais estável e previsível, que permite acumular conhecimento sem que ele se torne descartável. Sua inteligência financeira será formada pelo acúmulo e amadurecimento de conhecimento obtido de cada segundo de aprendizado.

Encontrar algum tempo para seu dinheiro é uma iniciativa que confere qualidade e eficiência à sua longa jornada de enriquecimento. Isso não quer dizer que você deverá dedicar a maior parte de seu tempo aos cuidados de seu dinheiro. Na verdade, organizar suas finanças requer muito menos tempo do que os desorganizados imaginam. Se você ainda se sente desorganizado neste quesito, sugiro adotar as ferramentas adequadas e assumir um pequeno grau de disciplina. Talvez sua rotina nem mude muito, mas os ganhos serão significativos.

É preciso ter controle no orçamento para começar a investir, mas isso não significa que você deverá comprar o melhor software de controle financeiro e passar horas refinando seus lançamentos e analisando gráficos. Para controlar as contas do dia-a-dia, atividade popularmente chamada de colocar as contas na ponta do lápis, talvez lápis e papel sejam recursos suficientes para listar seu orçamento doméstico. Se você conta com um computador, ótimo! Utilize uma planilha. Caso contrário, a última página do mês em sua agenda já será o controle suficiente. Se não acredita, experimente por um mês, e você já notará a diferença de ter as rédeas da situação.

Em relação aos investimentos, sugiro seguir o mesmo raciocínio. Quanto mais simples, melhor. Se você tem muito tempo disponível, minha recomendação é que faça um ou mais cursos sobre investimentos em ações e passe a explorar ao máximo uma ferramenta de *homebroker*, através da qual você analisa o mercado e compra e vende títulos pelo computador de sua casa. Se seu investimento favorito está nos imóveis, utilize os portais de anúncios da Internet para analisar o mercado, devore os relatórios de análises de especialistas, e interprete os anúncios de compra e venda – tente encontrar os vendedores com mais pressa para vender. Mas, se você tem pouco tempo, esqueça tais idéias! Lembre-se de que quem deverá dedicar muitas horas às análises de seus investimentos são os especialistas. Ao invés de tentar fazer o trabalho sozinho, procure saber onde estão as informações dos especialistas.

O máximo que investidores com pouco tempo devem fazer é se ater aos relatórios de análise de mercado – eles são suficientes para quem investe com perspectivas de longo prazo. Se seu tempo é exíguo até para se dedicar a dez ou quinze minutos diários de leitura especializada, então você deve contar mesmo com serviços de escolha de investimentos, optando por fundos e planos estruturados, como fundos de ações, planos de previdência e fundos imobiliários.

Hoje, apesar de ter a maior parte de meus investimentos em ações, o tempo que dedico exclusivamente à análise de minha carteira de empresas é muito pequeno, talvez não chegue a duas ou três horas por mês. É com essas duas ou três horas que leio rapidamente as manchetes diárias dos e-mails de notícias de investimentos de três agências de notícias que assinei gratuitamente, dedicando um pouco de tempo às notícias e análises que me interessam (aquelas relacionadas às minhas empresas). Pelo menos a cada quinze dias, vasculho as opiniões de analistas fundamentalistas, que projetam o desempenho de minhas empresas e indicam se é o momento de comprar ou vender os papéis. Essas informações são obtidas nos relatórios de análise de corretoras, pelos quais também não pago nada – apenas me cadastrei nas corretoras para ter a oportunidade de operar com elas.

Consigo dedicar pouco tempo às análises porque não as leio profundamente. Isso não é necessário, pois me mantenho razoavelmente informado sobre minhas empresas através de leituras regulares de jornais especializados e de revistas de negócios. As análises nada mais fazem do que antecipar algumas notícias e projetar os resultados das empresas com base em outras. Se você conhece bastante sobre uma empresa, nunca há surpresa nas projeções dos analistas. Empresas que passaram o ano fazendo boas escolhas de negócios normalmente fazem seus lucros crescerem.

Se você se mantiver minimamente informado, perceberá que o sucesso no mercado de ações não depende de apostas, de intuição ou de palpites de terceiros. Depende principalmente de você confiar seu dinheiro a quem demonstra competência na utilização do capital para gerar lucros.

No mercado de imóveis, já acompanhei inúmeros casos de pessoas que enriqueceram utilizando com sabedoria seu pouco tempo disponível. Não é necessário dedicar horas e horas de visitação de lançamentos e imóveis à venda para encontrar oportunidades. Se você dedicar apenas tempo suficiente para devorar os cadernos de imóveis dos jornais de domingo, já estará praticando a melhor forma de adquirir informações. Normalmente, são duas ou três páginas de conteúdo sobre plano diretor da cidade (que indica as obras futuras planejadas pela prefeitura), análises sobre o preço do metro quadrado por bairro e tendências de negócios e valorização. Vez ou outra, surgem sugestões de cursos, leilões e palestras para investidores, os quais sempre são uma grande oportunidade de fazer contatos e aprender mais sobre o assunto. Sinceramente, é informação mais do que suficiente para desenvolver seu entendimento do que é e do que não é um bom negócio.

Um de meus ex-sócios construiu seu primeiro milhão investindo em imóveis. Sua estratégia? Acordar cedo aos domingos e ser o primeiro a folhear os cadernos de classificados. Sempre há bons negócios nos anúncios, mas é quem os encontra primeiro que liga para o vendedor desesperado e fecha a negociação nas primeiras horas do dia.

Repito, para enfatizar, que o tempo é uma das riquezas mais democráticas que existem. Não diga que você não tem tempo, pois o tem na mesma quantidade que todos têm. E sabe priorizá-lo, já que encontrou algum tempo para ler estas cartas com meus ensinamentos. Pois trate de fazer escolhas na vida. Não abandone o que faz e que é importante para você e para sua vida. Mas descubra maneiras de fazê-lo com sabedoria e eficiência, para que possa ter mais conquistas a cada dia.

E não se esqueça de, quando tiver muito dinheiro como fruto de seus investimentos, utilizar com sabedoria seu tempo para desfrutar da riqueza que adquiriu.

G. C.

11. O PODER DO MERCADO

Caro investidor,

Um dos maiores inimigos do jovem investidor é o mercado. Pelo menos, é assim que jovens investidores costumam pensar. Você pensa que está tomando a grande decisão de investimento de sua vida e, alguns dias depois, percebe que está perdendo muito dinheiro. O culpado? "O mercado virou", é a resposta que você terá. Quando lhe indicam uma grande oportunidade de investimento, é porque "o mercado está confiante neste papel", ou então porque "este mercado tende a se valorizar". Se a bolsa de valores cai, o apresentador do telejornal da noite diz que o mercado esteve pessimista naquele dia. Se a bolsa sobe, diz-se que foi dia de festa no mercado.

Aparentemente, ter sucesso nos investimentos é apenas questão de adivinhar o que estará na cabeça do tal mercado. Mas se, ao ouvir falar de mercado, suas idéias remetem a um grupo de pessoas extremamente fechado e elitista, com conhecimento superior, felizmente você está bastante enganado. O mercado está muito mais próximo do que você imagina.

Tentarei explicar com um exemplo simples. Imagine que você seja recém-contratado de uma grande empresa brasileira, daquelas em que muitos brasileiros investem há bastante tempo, como a Vale ou a Petrobras. Se você chegar em casa eufórico e falando abertamente da emoção de ter sido contratado, das novidades que está aprendendo na empresa, das boas notícias que ouve e das perspectivas de crescer, já estará influenciando as percepções que seus familiares têm sobre a empresa. Talvez você nem se dê conta da importância disso, mas imagine sua mãe contando à dona da barraca de tomates, na feira, sobre o orgulho de ter o filho trabalhando numa empresa dessas, ainda mais diante do grande crescimento pelo qual a empresa parece estar passando. Sua mãe já terá influenciado uma pessoa que chamamos de *formador de opinião*. Se um dos clientes da feirante for daqueles entusiasmados com os investimentos, que saem falando aos ventos do orgulho de investir em ações, um importante efeito pode estar prestes a acontecer. Bastaria ele soltar um comentário do tipo "a senhora não investe nem em Petrobras ou Vale?", para que a feirante respondesse: "É, eu acho que deveria... Sabe que um dos filhos de uma cliente minha trabalha lá e disse que a empresa está prestes a passar por um grande crescimento!" Imagine se esse cliente for também um formador de opinião!?

Sem saber, um jovem estagiário pode provocar um movimento de compras de ações em muitas pessoas, devido ao poder multiplicador das informações. Há um perigo por trás desse poder, pois se pode gerar também o efeito "telefone sem fio", em que cada interlocutor aumenta um pouquinho a história. Afinal, todos gostam de se passar por fonte de informações relevantes.

Desse exemplo, é importante que você tire duas conclusões importantes: a primeira, de que quem possui informações relevantes sobre o mercado precisa ter especial cautela para não gerar efeitos especulativos indesejados sobre os investimentos; a segunda, de que todos nós temos algum grau de influência sobre o mercado, mesmo que seja sobre um pequeno número de pessoas nele atuantes. Na verdade, o mercado somos nós. Se você fizer um curso de ações, será influenciado por um professor e influenciará outras pessoas com suas opiniões, pois seus conhecidos tenderão a dar um peso extra às opiniões de quem já estudou o assunto. Se você fala sobre imóveis em uma mesa de bar, seus conhecidos e os bisbilhoteiros ao redor estarão processando as informações para aproveitá-las no futuro.

Quanto mais envolvido você estiver com seus investimentos, mais será influenciado por pessoas também envolvidas com o mesmo interesse que você, e mais influenciará essas pessoas. Na falta de certeza sobre um assunto, conte com o mercado – as pessoas a seu redor – para esclarecer dúvidas. Gosto de afirmar que falar sobre dinheiro enriquece. O que quero dizer com isso é que quanto mais você compartilhar idéias, mais colherá opiniões favoráveis ou contra sua intenção de investir, e mais consistentes serão suas escolhas. Daí a vantagem que têm aqueles que, ao invés de decidirem investir sozinhos, decidem montar um Clube de Investimentos entre amigos e passam a fazer reuniões periódicas – às vezes em uma mesa de bar – para decidir o destino do dinheiro de todos.

Tenha consciência de seu poder ao investir, e respeite os limites desse poder. Senti-me genuinamente eufórico com duas situações que vivenciei quando operei ações pela primeira vez através de um *homebroker*. A primeira situação aconteceu efetivamente quando fiz minha primeira compra de ações. Após alguns minutos observando a tela de cotações do *homebroker*, com a relação de cotações de compra e de venda, decidi dar meu lance. Fiquei arrepiado quando vi, pela primeira vez, o meu próprio lance assinalado naquela relação de compradores que qualquer pessoa, em qualquer lugar com acesso às cotações da Bovespa, estaria também vendo. Foi uma emoção rápida, segundos depois alguém deu um lance de venda igual ao meu lance de compra e aquele número destacado desapareceu da lista para se transformar em minha primeira aquisição de ações. Naquele instante, senti-me realmente uma parte importante do mercado, principalmente porque a tela fixou por mais alguns segundos a cotação da última negociação feita. Eu tinha vontade de gritar para todos: "o preço atual da empresa X fui eu quem criou!".

Meu segundo lance de euforia veio alguns meses depois. Na época, eu tinha um comportamento de investimento típico de especuladores. Ficava acompanhando as cotações durante o dia todo, caçando tendências nos gráficos de preços que pudessem me beneficiar. Analisando vários ciclos de altas e baixas, tentava adivinhar o momento certo de comprar e o momento ideal de vender. É a esse tipo de análise que se dá o nome de análise gráfica. Eu tinha mil ações (dez lotes de cem ações) de uma determinada empresa que já haviam passado por uma forte alta, as quais já pensava em vender há alguns dias. Vendo a tela de cotações de compra e venda, decidi dar um lance de venda um pouquinho mais alto do que o melhor lance disponível, o que posicionou meu lance entre os dez mais baratos. Foram acontecendo compras, a cotação do papel subiu, meu lance passou a ser o primeiro da fila, o próximo a ser negociado e, então... Surgiu uma notícia ruim sobre a empresa e o preço da ação começou um forte ciclo de queda, coisa de mais de 3% só naquele dia. Se você não entendeu, começaram a dar lances mais baratos que o meu e foram passando à frente na fila de venda. Inicialmente, fiquei desapontado. Quando fui procurar meu lance na fila para cancelá-lo, não encontrei mais o lance de mil ações. No campo em que a corretora assinalava o meu lance, estavam à venda apenas cem ações. Ou seja, alguém havia dado um lance para compra de novecentas ações naquele preço de topo e o negócio havia sido fechado, tendo ficado eu com apenas cem ações para vender. Na linguagem do mercado, minha ordem foi parcialmente executada. Percebi que eu havia feito o melhor negócio do mercado naquele dia, e a ação demorou semanas para voltar a atingir aquela minha cotação campeã.

Aquilo me deu uma enorme sensação de poder e de sabedoria. Eu havia feito a melhor venda do mercado em semanas!!! Achei-me simplesmente o máximo e contei o fato para muitas pessoas, gabando-me. O bonzão aqui não passava de um idiota, acreditando que conseguiria repetir o feito outras vezes. Obviamente, nunca mais consegui, mas também não tentei muitas vezes. Um lance espetacular feito por um iniciante não passa de sorte. Afinal, eu não dei aquele lance em função de uma informação. Pelo contrário, meu bom resultado foi obtido porque a informação surgiu imediatamente no instante de meu lance, algo tão raro quanto acertar na loteria.

Já lhe contei que as chances de um ganho surpreendente são tão grandes quanto as chances de perdas surpreendentes. Simplesmente porque são surpreendentes! Entrar na hora errada não é sinal de incapacidade intelectual, mas sim de que você não acompanhava as notícias do mercado ou de que você estava distante dele quando uma importante notícia chegou para todos.

Por essa razão, faça seus investimentos com base em informações que você já tem, preferencialmente após compartilhá-la com alguém em quem confie. Contar com a possibilidade de surgir uma informação quentinha para comprar ou vender é especular, e não investir. E especular é atividade para quem está completamente envolvido com o mercado, grudado a terminais de informação durante boa parte do dia. Você só terá condições de competir com o mercado quando passar a fazer parte do núcleo formal desse mercado, ou seja, quando for realmente um profissional do mercado financeiro.

Enquanto não atingir esse patamar, as escolhas mais inteligentes serão aquelas que até sua mãe e a feirante fariam. Mantenha os pés no chão.

G. C.

12. AS ALTERNATIVAS

Caro investidor,

Antes de investir, você precisa tomar uma decisão: Quem irá trabalhar? Você irá cuidar sozinho da gestão de seu dinheiro ou, em razão da limitação de tempo, alguém irá trabalhar para você? Esse questionamento é importantíssimo, pois costumo ver pessoas fazendo comparações descabidas entre alternativas de investimento.

Por exemplo, já ouvi muitos investidores, jovens ou não, comentarem que deixariam de investir em fundos porque supunham que a compra de ações diretamente através de corretoras seria mais rentável. Isso não é necessariamente verdadeiro. Se você deixar de contar com as escolhas bem fundamentadas de um gestor profissional (porque ele cobra taxa de administração para administrar seu fundo de investimento) para fazer suas próprias escolhas e escolher mal, terá feito uma opção ruim.

Na verdade, existem diferentes níveis de serviço para investidores com diferentes níveis de conhecimento e de disponibilidade de tempo. Aqueles que têm tempo para se informar e para operar no mercado devem abrir conta em uma corretora de valores e passar a operar através de *homebroker*. Estarão, assim, investindo com custos reduzidos e com maior liberdade de escolha. Será primordial, porém, que tais investidores dediquem um bom tempo para selecionar a melhor corretora e o melhor *homebroker*, e também para realizar cursos sobre investimentos e se manterem informados. Afinal, a liberdade dada pelo investimento através de corretoras exige que você faça escolhas, o que não é nada simples.

Para quem tem menos tempo ou menos conhecimento (ou ambos), o investimento através de fundos passa a ser uma alternativa extremamente interessante. Pagando a taxa de administração típica de cada fundo, o investidor passa a contar com o serviço prestado pelo gestor de investimentos, o que inclui a seleção das melhores alternativas, o controle do risco da carteira, o recolhimento de impostos e o respeito às regras que são claramente divulgadas nos prospectos dos fundos (geralmente, apresentados no site da instituição que os vende). Se o gestor faz um trabalho competente, por que não pagar a taxa de administração e poupar seu tempo para outras atividades? É uma questão de escolha pessoal.

Saber quais fundos são mais interessantes não é tarefa complicada, desde que você esteja disposto a fazer alguma pesquisa. Sua pesquisa pode começar já na Tabela de Rentabilidades que seu banco ou corretora disponibiliza aos clientes, relacionando todos os fundos oferecidos, algumas características deles e o desempenho de cada fundo no mês, no ano, nos últimos 12 meses e em períodos mais longos, como 24 e 36 meses. Jamais se iluda com o desempenho de um fundo nos últimos meses. Bons fundos multimercado e de ações não são aqueles que lucraram mais nos últimos meses, mas aqueles que demonstram consistência em superar durante vários meses o objetivo proposto (chamado de *benchmark*). Por exemplo, se o objetivo de um fundo é o de superar o índice Bovespa, esse fundo será considerado eficiente se, no resultado acumulado durante 24 ou 36 meses, tiver conseguido bater a meta com certa folga. Via de regra, a rentabilidade apresentada nas Tabelas de Rentabilidades já descontou a taxa de administração, portanto corresponde ao ganho real antes do recolhimento de imposto de renda.

Para facilitar sua pesquisa, você pode recorrer a Guias de Fundos, que costumam fazer um ranking dos produtos campeões e analisar as qualidades e limitações de cada um deles. Tais guias são publicados anualmente em revistas de negócios ou divulgados por instituições de ensino e pesquisa através da Internet.

Mas, se mesmo com o competente trabalho de gestores de fundos você se sente perdido ao fazer escolhas ou não tem noção de como conquistar seus objetivos de longo prazo, talvez a melhor forma de investir seja através de Planos de Previdência Privada. Algumas das qualidades destes produtos só costumam interessar aos investidores mais velhos, com a facilidade de resgate pelos herdeiros, mas é interessante entender as vantagens que têm mesmo para jovens investidores. Além de contar com o gestor para selecionar seus investimentos, esta alternativa lhe proporciona ainda funcionalidades que o ajudam a viabilizar um planejamento para toda a vida.

Dentre as funcionalidades, estão a orientação para a conquista de uma renda futura objetivada, o cuidado de corrigir suas aplicações mensais pela inflação, e a menor tributação incidente para quem aplicar por prazos superiores a dez anos. Obviamente, esse serviço diferenciado não é de graça. Além da taxa de administração, que costuma ser superior à cobrada de fundos de investimento convencionais, incide ainda a chamada taxa de carregamento, que tira uma parte do valor aplicado no instante em que você investe. Isso elimina parte da eficiência gerada pela menor tributação, mas é o preço de uma significativa conveniência para seu plano de investir.

Como a maioria dos participantes de Planos de Previdência têm objetivos de longo prazo, as carteiras de investimento dos fundos de previdência (aqueles nos quais os planos investem) costumam ser mais estáveis e com comportamento mais previsível, pois estão sujeitas a menos resgates e aplicações.

Você quer saber se vale a pena investir em Planos de Previdência? A resposta é sim, se você não tem tempo, nem conhecimento, e nem interesse em se envolver com o apaixonante – na minha opinião – mundo dos investimentos. Ou, se você já conta com um vantajoso Plano de Previdência oferecido como benefício pela empresa na qual trabalha, sugiro que seja mais arrojado nos demais investimentos, pois é do plano que virá a parcela extremamente segura de sua renda futura.

Destaco que os produtos não competem entre si. Nem todos conseguem investir diretamente através de corretoras, nem todos levam jeito para selecionar fundos e nem todos querem previsibilidade tão grande quanto a oferecida pelos Planos de Previdência. Comparar o desempenho entre as alternativas é como comparar o desempenho de um jipe com o de um carro esportivo; não faz sentido, pois cada um tem uma utilidade diferente.

Existem fundos mais eficientes e fundos menos eficientes, assim como existem ações com bom potencial de crescimento e outras, nem tanto. As taxas cobradas pelos Planos de Previdência variam bastante de uma instituição para outra, e você não é obrigado a ter conta em um banco para contratar um plano daquela instituição. Por isso, a pesquisa inicial pode ser determinante no sucesso de seu plano de enriquecimento, independentemente de você ter optado por corretoras, fundos ou planos de previdência. Por menor que seja a diferença de rentabilidade entre um produto e outro, você deve ser exigente nessa escolha, pois pequenas diferenças acumuladas ao longo de anos podem formar imensas fortunas.

Para você ter uma idéia do que estou querendo dizer, volto a fazer dois cálculos de longo prazo, para um investimento mensal de R$200 ao longo de trinta anos. Se você aplicar esse valor mensalmente em uma alternativa que lhe renda 0,7% ao mês, terá acumulado R$323.428 ao final dos trinta anos. Se, com uma pesquisa melhor, investir o mesmo valor em uma alternativa de investimento que lhe renda 0,8% ao mês, terá acumulado R$415.283 ao final do mesmo período. Com uma diferença de apenas 0,1% ao mês, seu ganho em trinta anos será da ordem R$91.855, ou uma poupança acumulada 28,4% maior. Vale ou não vale a pena pesquisar?

G. C.

13. ASSUMIR RISCOS

Caro investidor,

Foi-se o tempo em que era fácil ganhar dinheiro no Brasil. Sim, não escrevi errado: durante décadas, o Brasil foi um país de oportunidades sem igual para se ganhar dinheiro sem trabalhar, desde que você tivesse algum dinheiro reservado para trabalhar para você. No meio do século passado, bastava a quem tivesse algum dinheiro sobrando comprar uma casa ou um terreno na periferia. Era enriquecimento certo, pois o Brasil passou por um incrível crescimento de suas zonas urbanas durante a segunda metade do século. As cidades cresciam, e com o crescimento vinha a infra-estrutura e a conseqüente valorização do imóvel. Depois, veio o período do desequilíbrio econômico, quando os juros foram às alturas e os brasileiros aprenderam a ganhar dinheiro fácil na renda fixa. Essa situação durou até a primeira eleição do presidente Luís Inácio Lula da Silva, quando, a partir de então, o mundo finalmente percebeu que o Plano Real era definitivo e passou a acreditar no Brasil. Veio, então, a fase de recuperação do mercado financeiro, um grande ajuste de preços para cima na Bolsa de Valores de São Paulo que resultou na falsa percepção de que ganhar dinheiro com ações é muito fácil. Muitos ficaram milionários nessa fase, inclusive eu.

Investir em imóveis, hoje, não significa mais certeza de ganhos. Você ganhará se investir em uma região com potencial de crescimento, e perderá se investir em uma região decadente. Nossa renda fixa é desanimadora, apesar de render ainda (no início de 2008) os juros mais altos do mundo. Chegamos a uma situação em que as empresas brasileiras realmente refletem no preço de suas ações seu valor de mercado. Desse ponto em diante, o ganho com investimentos não depende apenas do tempo. Boas empresas lhe trarão lucros, empresas ruins comprometerão seu capital. Mudanças macroeconômicas, como guerras, fatos políticos, e a elevação do grau de risco da economia brasileira certamente trarão impactos significativos nos mercados, mas o jovem investidor não deve se iludir com ganhos da ordem de 50% ao ano para todo o mercado, como chegamos a observar nas ações.

Hoje, se você quiser enriquecer, terá de trabalhar. O que quero dizer com trabalhar não é carregar sacos de feijão nas costas, mas sim estudar as escolhas que você faz para multiplicar seu dinheiro. Em uma economia de capitalismo democrático como a brasileira, o acesso aos investimentos se popularizou e mais pessoas estão atentas às oportunidades. Isso quer dizer que uma grande oportunidade tem efeitos passageiros, pois rapidamente muitas pessoas a descobrem e ela deixa de ser diferenciada.

Você terá de assumir riscos. Mas isso não quer dizer que, de agora em diante, você deve aceitar perdas. Assumir riscos significa conviver com altos e baixos, desde que você tenha boa dose de certeza de que os altos e baixos resultarão em muito mais elevações do que quedas no valor de seus investimentos.

Risco não se evita; risco se administra. Quanto mais informação você tiver sobre seus investimentos, mais seguro estará de que as instabilidades serão passageiras, ou mais ágil será seu movimento para abandonar o barco em caso de desastre. Vez ou outra, você terá perdas, mas a perda é inerente ao risco. Grandes empresas também quebram, imóveis perdem valor pela decadência de sua região ou deixam de existir em função de acidentes, negócios fecham as portas por diversos motivos. A única forma de evitar perder tudo é contratar seguros (no caso de imóveis e em algumas situações de negócios) ou não concentrar todo seu patrimônio em um único tipo de investimento. Você já deve ter ouvido a famosa lição número um em Finanças: nunca ponha todos os seus ovos em uma cesta só, para não correr o risco de quebrá-los de uma vez. Traduzindo, não invista todo seu dinheiro em uma única alternativa, para que você não se decepcione em caso de problemas com sua escolha. Diversificar os investimentos é, portanto, uma forma de reduzir o risco de seu patrimônio.

Cuidado, porém, para não cometer excessos em relação à idéia de diversificar. Para quem está começando, essa provavelmente não é uma boa idéia. Você deve saber que os investimentos mais populares, ou seja, os que podem ser acessados com menos dinheiro, são os que embutem taxas maiores e ganhos mais robustos para quem os administra. Se você quer acessar os melhores investimentos, deve concentrar tudo em uma única opção, para que seu dinheiro cresça de maneira mais eficiente. Dispersando seus poucos reais entre diversos fundos, quem mais estará ganhando será o gestor dos fundos. A diversificação só começa a fazer algum sentido para quem tem mais de R$50 mil investidos, pois é a partir desse patamar que as diferenças entre taxas de administração de fundos começam a ficar pequenas. Mesmo assim, eu não recomendaria mais de dois tipos de investimentos até acumular um patrimônio de R$100 mil. Concentre nos que lhe parecem melhores, ao invés de dispersar seu capital entre diversas alternativas de investimento. Diversificar, ressalto, é bobagem para quem está começando.

Tenha sempre em mente essas lições. Qualquer que seja seu investimento, haverá sempre algum tipo de risco. E risco não é um fator a ser evitado, mas sim administrado. Daí a importância, para seu sucesso nos investimentos, de você ao menos gostar daquilo em que investe, sentir-se à vontade no ambiente de negociação. Para aquele que domina as informações sobre o investimento, em geral as perdas serão bem menos freqüentes do que para os leigos. Sempre que alguém perde dinheiro em um investimento, isso ocorre porque outra pessoa saiu ganhando. Normalmente, este outro é mais bem informado.

Quando decidir investir em algo que não conhece, comece aos poucos, degustando o investimento com pouco dinheiro. Ao experimentar, você criará condições para entender o risco de cada tipo de investimento. Não tenha pressa de ganhar. Os primeiros anos de seu investimento sempre serão os menos produtivos, já que você estará com pouco dinheiro. Já que o dinheiro é pouco, aceite correr riscos. Mesmo que você perca muito, leve em consideração que é muito do pouco que tinha, e que o jovem investidor terá vários reinícios em razão de suas perdas. Entenda as perdas intermediárias como um grande investimento em seu aprendizado.

Torço para que você encontre, o quanto antes, o investimento ideal, que lhe proporcionará importantes e agradáveis momentos de aprendizado. Talvez essa escolha do mercado em que você se dará bem seja muito mais importante do que todas aquelas que fará comprando e vendendo ativos naquele mercado. Nessas, suas chances de erro serão bem menores.

G. C.

14. AS ARMADILHAS

Caro investidor,

Escrevo estas cartas com o objetivo de tornar seu caminho para o enriquecimento menos difícil, compartilhando com você minhas experiências pessoais e as de outras pessoas experientes. Mas isso não quer dizer que você terá um caminho fácil pela frente. Os mercados de investimentos são extremamente dinâmicos e transformam-se a cada dia. Isso significa que, se pretende evoluir em seus investimentos e não quer ver sua rentabilidade cair, deverá se preparar para continuamente digerir novas informações, entender novos contratos e caçar armadilhas por trás de novos produtos.

Sempre existirão armadilhas, pois elas são inerentes ao processo de venda. Lembre-se de que sempre estarão tentando lhe passar a perna, uma vez que estará comprando serviços financeiros. Na melhor das intenções de angariar o cliente, é comum que o vendedor de serviços "esqueça" de lhe contar detalhes como custos extras e penalizações ao resgatar antes de um prazo mínimo, o que para ele é uma pequena bobagem.

Erramos por falta de informação, por não termos lido detalhadamente um contrato, por ter confiado na palavra de um gerente ou corretor, por acreditar que estão gerenciando nossas contas como se fossem realmente gerentes e não vendedores de serviços. Erramos também por falta de experiência e de referências, pois as pessoas mais experientes costumam alertar os iniciantes para os perigos de diversas oportunidades; o problema é que os mais velhos da atual geração não tiveram acesso à enormidade de alternativas e possibilidades que o mercado de investimentos oferece hoje. Tudo é muito novo para todos.

Sugiro que você tenha especial atenção aos erros mais comuns que as pessoas cometem ao investir. São erros que amigos meus cometeram, que eu cometi e aprendi com eles, e que meus clientes cometem antes de receberem orientação de nossa equipe de consultores. Fiz questão de organizá-los na forma de tópicos para que você os encontre mais facilmente na hora de fazer uma pesquisa futura.

Comprar na alta – Não é exatamente um equívoco, mas não pode deixar de ser mencionado como uma escolha atrasada. As pessoas não decidem partir para um novo investimento da noite para o dia. Normalmente, vão colhendo mais informações sobre aquele mercado, envolvendo-se com o assunto, pesquisando com foco no investimento pretendido, amadurecendo sua escolha. Porém, esse processo todo consome tempo e, enquanto o jovem investidor decide, outros estão fazendo bons negócios. É comum que o investimento só venha a se concretizar em uma data ruim, geralmente quando a bolsa apresenta forte alta ou quando aquela praia em que você pensava comprar um terreno aparece nos jornais como o hit do verão. A reação do investidor costuma ser do tipo "eu sabia que era um ótimo negócio", e ele então toma a decisão de comprar antes que o ativo se valorize mais. Grave erro, pois quando o investimento se mostra como um excelente negócio, ele já está dando os frutos para quem plantou na hora certa. É o caso de pesquisar novamente e descobrir onde os que lucraram estarão plantando suas novas sementes.

Vender na baixa – É o equívoco típico do iniciante, que acontece, normalmente, na seqüência de comprar na alta. Feito o negócio, seu investimento deixa de dar os resultados que vinha dando, ou então entra em uma forte tendência de queda de preço. Para quem comprou na alta, a percepção é de perda de valor; para quem comprou bem antes, é o processo que chamamos de *realização de lucros*, ao vender a um preço menor que o máximo atingido, mas bem superior ao que se investiu inicialmente. Diante de uma sensível queda no valor de seu investimento, há três cami-

Fogarty's U-TURN TO WIN PROMOTION

Fogarty's

Your Friendly Store

No 46268

Name..

Address..

....

Tel.. Email..

This promotion is governed by the Official Rules which are displayed at the Wm Fogarty's and Laparkan Group of Companies locations.

U-TURN TO WIN!

SHOP & WIN MILLIONS!

nhos possíveis: 1) analisar o potencial de recuperação do ativo e, se for positivo, aproveitar a baixa para investir mais e fazer um lucro médio; 2) se a recuperação é possível, porém apenas no longo prazo, mantenha o investimento ou venda somente se outro ativo apresenta perspectivas bem mais consistentes de alta; ou 3) se as notícias que você encontra apresentam apenas perspectivas de piora na situação, reconheça o erro e venda. Mas entenda que o erro aconteceu na compra (na alta) e não na venda.

Ver perdas onde elas não existem – O mercado de renda variável, por definição, apresenta oscilações nas cotações dos ativos nele negociados. Conforme já lhe expliquei ao tratar do erro de comprar na alta, é comum que jovens investidores tomem a decisão de investir somente após receberem algum sinal, como um salto na valorização do ativo. Por essa mesma razão, um dos fatos mais presentes nas primeiras experiências em compra de ações é a constatação de desvalorizações imediatamente após a compra. Igualmente comum é o choque dos inexperientes ao acessarem suas contas na Internet ou ao receberem o extrato e perceber que aconteceram perdas. Por menores que sejam, é uma sensação angustiante para quem não estava acostumado com elas. Antes que o investidor pense em vender na baixa (o que é, normalmente, um erro), ele deve procurar entender duas coisas: que ele não perdeu dinheiro ainda e que as baixas são tão rotineiras quanto as altas na renda variável. Ao ver um saldo menor do que o que foi investido em uma carteira de ações, o investidor ainda não perdeu dinheiro porque ainda não vendeu seus ativos. O extrato não diz o quanto ele tem, mas sim o quanto teria em mãos se vendesse as ações naquele momento. O que ele tem é uma parte do capital de empresas e o direito de participar nos lucros delas. Se ele acredita que as empresas são boas, um extrato que demonstra que suas ações valem menos do que investiu deve ser interpretado como um bom momento para comprar mais, e não para se desfazer de seu investimento, para não cometer o erro de vender na baixa.

Buscar o histórico mais rentável – Quando as pessoas se conscientizam de que investem mal, normalmente é porque se mobilizam no sentido de comparar suas escolhas atuais com alternativas que seus bancos lhes oferecem. Geralmente, fazem isso em razão das notícias que ouvem na mídia sobre o sucesso do mercado de ações. Ao constatar que fundos de ações e multimercado renderam muito mais que sua Poupança ou Renda Fixa, migram seus recursos para a alternativa campeã. Grave erro... Na prática, é o mesmo que comprar na alta. Para investir em renda variável, você não deve tomar como base o histórico recente, mas sim o que especialistas dizem sobre as perspectivas futuras. O histórico serve apenas para, ao decidir investir em renda variável, analisar quais fundos foram mais eficientes em comparação com seus semelhantes, e não em relação à renda fixa.

Custos elevados – Na carta em que tratei sobre as alternativas de investimento, destaquei que assumir os custos de um bom serviço prestado pode ser a solução para quem não tem tempo disponível para colocar em prática seu planejamento financeiro. Porém, não é pelo fato de você ter tempo e conhecimento que deverá migrar seus investimentos imediatamente para uma corretora e começar a tomar decisões. Se tiver pouco dinheiro, em muitos casos seu pouco dinheiro está crescendo de maneira mais eficiente em um fundo do que comprando uma carteira de ações. Por mais que você ouça falar que para investir em ações basta ter uma conta em uma corretora e dinheiro para pagar um lote simples de ações – e que lotes de alguns papéis não chegam a R$10 – a verdade é que não é bem assim. Você pode comprar ações com muito pouco dinheiro, mas toda compra e venda de ações envolve os custos de corretagem e emolumentos – que são os preços cobrados pela corretora e pela bolsa de valores. A maior parte desses custos é fixa, o que significa que, comprando muito ou pouco, você pagará praticamente o mesmo.

Quem investe dezenas de milhares de reais praticamente ignora tais custos, enquanto que quem compra ações com os trocados do cofrinho corre o risco de pagar mais custos do que o próprio valor da ação. Por isso, provavelmente você fará uma escolha mais inteligente se investir seus trocados em fundos até completar um saldo de R$2 ou R$3 mil, para então partir para a compra de uma carteira própria de ações.

Giro excessivo – Não confie demais em corretores, sejam de imóveis, sejam de ações. O interesse principal desses profissionais é lucrar com compras e vendas, e não necessariamente fazer o melhor negócio para você. Isso não quer dizer que eles não sejam competentes e capazes de lhe dar orientações eficientes e brilhantes. Mas, tenha certeza, eles sempre terão a lhe oferecer uma fantástica e lucrativa estratégia envolvendo compras e vendas freqüentes e geradoras de mais comissões. Não duvido de que é possível obter ótimos resultados para você e para seu corretor, mas isso provavelmente significará dedicação de tempo bem maior a seus investimentos.

Deixar de investir – Como os investimentos só gerarão seus resultados no futuro, é comum que, diante de um aperto financeiro, as pessoas deixem de investir para manter suas contas em dia. Isso pode gerar grande arrependimento futuramente, principalmente se o investimento era parte de um planejamento preciso que previa um valor mínimo para assegurar uma condição básica de conforto no futuro. Não conseguir cumprir com o prometido para seu futuro é o primeiro sinal de desequilíbrio financeiro, que deve motivar uma mobilização enérgica de revisão das contas para que a situação não se repita por dois meses seguidos. Ajuste seu padrão de vida, ou seja, melhore suas escolhas, para manter-se em equilíbrio.

Rejeição da simplicidade – "Não invisto em Caderneta de Poupança em hipótese alguma". É por frases maníacas por rentabilidade como essa que muitos investidores acabam perdendo dinheiro, geralmente quando o dinheiro investido está com data certa para ser utilizado. A Poupança e os fundos de renda fixa de curto prazo são as alternativas de ganho certo para quem não tem flexibilidade em planos de curto e médio prazos. Fundos cambiais são a recomendação de investimento de parte dos recursos destinados a gastos no exterior. Mas, mesmo assim, aficionados por renda variável abandonam o papel de investidores e passam a ser especuladores, preferindo apostar no sucesso das ações no curto prazo a contar com a segurança. Para que comprometer sonhos que já estão praticamente assegurados?

Falta de liquidez – Investir em alternativas com grau maior de risco como imóveis, ações e negócio próprio tende a ser uma escolha sábia para acelerar seu projeto de enriquecimento, quando você mantiver os diversos fatores de risco sob controle. Porém, não leve esse raciocínio ao extremo, contando apenas com alternativas de risco em sua carteira. Não importa em que momento da vida você esteja, sua situação na carreira ou os seguros com que você conta, é fundamental para sua segurança ter sempre uma parcela de seus investimentos em alguma alternativa extremamente segura e de liquidez imediata – ou seja, que lhe permita desfrutar do dinheiro de um dia para outro, caso precise. A esse tipo de investimento eu chamo de *reserva de segurança*. Já acompanhei incontáveis casos de pessoas que, para aproveitar um ótimo momento dos investimentos, concentraram em risco todo seu capital (às vezes até vendendo a própria moradia e o automóvel) e, algum tempo depois, algum fato inesperado exigiu a disponibilidade imediata de dinheiro e o grande investimento teve de ser vendido às pressas e com grandes perdas. É muito comum acontecer com imóveis e com ações. Jamais tenha 100% de seus investimentos em algo que implique perdas significativas se tiver que vender imediatamente.

Confiar seu dinheiro a agiotas – Como viajo muito por todo o Brasil, é comum ouvir em cidades de pequeno e médio portes sobre a possibilidade de ganhos fantásticos na renda fixa. As pessoas que me procuram querem investir só um pouquinho em ações, apenas experimentar e diversificar, pois já estão satisfeitas com o que ganham na renda fixa, supostamente com segurança. Normalmente, essas pessoas dizem que confiam seu dinheiro a alguém muito conhecido na cidade, bem-sucedido e de confiança, que promete rendimentos certos e prefixados da ordem de 2 ou 3% ao mês, bem acima dos juros-base da economia. Talvez diante de minha face incrédula, ainda dizem que fazem isso há anos, sempre com o cumprimento do prometido pelo generoso multiplicador de riquezas. O que explico a essas pessoas é que elas emprestam seu dinheiro a um agiota, alguém que atua ilegalmente, prejudica a sociedade com a sonegação de impostos e com a cobrança de juros elevados de comerciantes para quem empresta os recursos captados (normalmente através de desconto de cheques). Você não vê problema nisso, pelo fato da pessoa ser de bem? Bom, o problema aparecerá quando o agiota for desmascarado em uma operação policial e todo o dinheiro que estiver nas mãos dele for confiscado. Se tentar recuperar sua parte, você correrá o risco de ser acusado de cúmplice ou de sonegação (afinal, o agiota normalmente o orienta a não declarar lucros). Atenção para o fato de que não é ilícito emprestar dinheiro a quem lhe pague bem, até mesmo porque é cada vez mais comum a possibilidade de investir nos chamados fundos de recebíveis, que fazem exatamente o que descrevi, porém por canais lícitos. Diante da possibilidade de lucro fácil, não se esqueça de desconfiar.

Investimentos não regulamentados no exterior – Da mesma forma que atuam os agiotas, é muito fácil encontrar empresas que oferecem oportunidades maravilhosas de investimento no exterior. A receita é universal: profissionais bem trajados e em escritórios finamente decorados convidam investidores a investir diretamente em fundos no exterior ou a contratar seguros de vida e planos de saúde. Até aí, não há nada de errado, pois você pode investir e contratar seguros onde bem entender. O perigo costuma estar nos procedimentos para envio de recursos ao exterior, passando por doleiros, cuja atuação é tão questionável e sujeita a intervenções quanto a dos agiotas. As empresas que negociam tais produtos contornaram a situação permitindo o envio através de cartões de crédito, eliminando uma significativa barreira à venda. Mas lembre-se de que seus investimentos no exterior serão tributados tanto lá quanto cá, que o nível de risco da economia brasileira está próximo dos padrões de Primeiro Mundo, e que um dos países mais promissores do mundo é o Brasil. Evite especialmente um tipo de serviço cuja divulgação tornou-se comum no Brasil, em que escritórios (finamente decorados, profissionais bem trajados...) assumem contratualmente o compromisso de administrar recursos que você deve enviar para a conta deles. Sim, para a conta DELES! A prática, conhecida por Forex (o nome é utilizado para outras atividades lícitas também, como compra e venda de câmbio), é ilegal e está sujeita às mesmas conseqüências finais para quem lida com doleiros e agiotas. O bom investimento fica sempre no nome do próprio investidor.

Meias verdades – Infelizmente, somos cotidianamente vitimados por técnicas de marketing nem sempre bem intencionadas, cuja intenção é mais confundir do que esclarecer. Alguns exemplos amplamente conhecidos são as comparações de desempenho de produtos de características diferentes, como planos de previdência que apresentam rentabilidade comparável à de seus equivalentes não vinculados a planos (mas os fundos não cobram taxa de carregamento, a qual resulta na aplicação de um valor menor na previdência). Há empresas que anunciam uma rentabilidade maior de suas ações em comparação com empresas concorrentes, sem levar em consideração que as outras distribuíram mais dividendos. Corretores de imóveis em edifícios anunciam apenas unidades em andares baixos à disposição, omitindo o fato de que unidades mais bem localizadas serão colocadas à venda após o esgotamento das unidades "micadas". Ao negociar o financiamento para compra de uma propriedade, geralmente a instituição financeira nos informa apenas a taxa de juros envolvida. É comum descobrirmos outros custos (taxa de abertura de crédito, seguro, IOF, custos de cobrança), que chegam a aumentar em até 50% a taxa de juros, a apenas alguns instantes da assinatura do contrato, depois que já estouramos o champanhe. Quem vende um negócio próprio sempre lista incontáveis vantagens do ponto e da clientela para quem compra (ora, se o negócio é tão bom, por que está à venda?). São exemplos que reforçam a orientação de que não há nada como uma boa bagagem de conhecimento para limitar os riscos de nossas escolhas.

Perdas na tributação – O que determina seus resultados nos investimentos não é a rentabilidade informada pelo gestor ou corretor, mas sim o que você terá após deduzir os impostos inerentes a sua escolha. Por isso, tão importante quanto saber o que você pode ganhar com seu investimento é identificar em quanto e como será tributado seu lucro. Fundos de curto prazo possuem a tributação de 20% dos lucros, que é elevada, mas passa a ser interessante diante dos 22,5% que fundos de renda fixa convencionais pagam para quem resgatar sua aplicação em menos de seis meses.

Já vi muitos investidores comparando a rentabilidade de fundos de renda fixa e de CDBs, porém sem levar em consideração que os impostos são pagos apenas no resgate do CDB, enquanto nos fundos o pagamento é semestral (vantagem para o CDB, que permite pagar depois e deixar seu dinheiro se multiplicando mais). A tributação de investimentos em ações é de apenas 15% do lucro no resgate para quem o faz através de fundos, mas muitos investidores ignoram que há isenção total (0% de Imposto de Renda) sobre o lucro na venda de ações para quem comprar diretamente os papéis e, lá na frente, vender menos de R$20 mil a cada mês. Planos de previdência são vantajosos para quem investir neles por mais de dez anos, mas impõem um severo castigo tributário para quem resgatar suas reservas com menos de cinco anos de aplicação. Se você pode, com algum planejamento, evitar a enorme mordida dos impostos, por que vacilar diante do Leão?

Contratos – Normalmente, a maior parte dos erros que descrevi nesta carta pode ser prevenida com a leitura atenta dos contratos que acompanham seus investimentos. Mas, por falta de hábito em nossa cultura, muitos ignoram a leitura atenta dos contratos, assumindo riscos que poderiam evitar. Obviamente, não espere que a leitura de contratos origine uma indignação e um pedido de alteração, até porque os contratos de produtos financeiros seguem normas e padrões de mercado. Mas seria uma atitude muito sensata ler cada vírgula do compromisso assinado e não se contentar até receber esclarecimentos sobre a totalidade do texto. Talvez, com maior entendimento, você perceba a incompatibilidade dos riscos com alguns de seus projetos e adie a decisão de investir em determinados ativos.

Como escrevi no início desta longa carta (haja armadilhas!), não tive a pretensão de esgotar as possibilidades de erros com essa lista. Apenas fiz questão de lhe apresentar os mais comuns, cabendo a você adquirir um sentido de alerta diante das oportunidades e não tomar decisões por impulso. O detalhe é detalhe no curto prazo, mas será a grande diferença no longo prazo.

G. C.

15. ASSUMA FRACASSOS E CELEBRE CONQUISTAS

Caro investidor,

Lamento informar que, se você é jovem, deve se preparar para fracassos e dificuldades. Não entenda isso como mau agouro, mas sim como um fato da vida. Quanto mais longa a vida que você ainda tem a percorrer, mais numerosas serão as oportunidades de comemorar sucessos e de lamentar fracassos. Tanto uns quanto outros, pois acredito que você pensa em administrar riscos para crescer mais na vida. Quanto mais acreditar que sua vida lhe trará apenas sucessos, mais sofrerá diante da frustração de vê-los substituídos, eventualmente, por fracassos.

Quanto mais intensamente e em menor tempo acontecem os ganhos, mais intensa é a frustração com pequenas perdas, algo que pode ser explicado por um ramo do conhecimento denominado Psicologia Econômica. Se você gosta de entender as armadilhas da mente, recomendo pesquisar o assunto, cujo maior expoente em pesquisas no Brasil é a professora Vera Rita Ferreira, da Universidade de São Paulo. Tenho acompanhado vários casos de investidores que, após várias semanas ou meses de incrível crescimento no valor de seus investimentos, entram em desespero diante de uma semana ruim na bolsa de valores ou após terem apostado na compra de um terreno em um condomínio que se mostrou um fracasso de vendas.

A obsessão por ganhos denota a falta de preparo de muitas pessoas para o risco. É amplamente discutido na psicologia o comportamento obsessivo do perdedor, que, diante do insucesso em uma aposta feita, tende a dobrar o valor investido em nova aposta para tentar compensar o que perdeu. Isso não tem a ver com a orientação que já lhe passei em minhas cartas, de comprar mais após uma queda, pois minha sugestão foi analisar as perspectivas para o investimento e, diante da ausência de projeções ruins, comprar o que está barato. É diferente de apostar numa virada do jogo, como fazem viciados em cassinos ou investidores que baseiam suas escolhas apenas em teorias vazias do tipo "sempre há uma alta após uma baixa".

Mantive contato com um grupo de investidores jovens que me procurou há alguns anos em uma das primeiras edições da Expo Money, a maior feira de investimentos e educação financeira do Brasil, pedindo orientações sobre investimentos arrojados em ações. Minha orientação foi para que começassem com poucas e grandes empresas, bem conhecidas e sólidas, ou seja, que começassem a entender o mercado através do investimento em *blue chips*. Mas o grupo de jovens estava extremamente entusiasmado com os ganhos astronômicos obtidos por alguns fundos diferenciados e por alguns especialistas do mercado. Queriam repetir com seu próprio dinheiro ganhos da ordem de 100% ao ano, o que você já deve ter entendido que é uma meta bastante utópica. Não ficaram satisfeitos com minha orientação modesta, e nem com a orientação de profissionais de grandes corretoras de valores. Optaram por investir seu dinheiro com a orientação de um inexperiente e arrojado operador de mercado, o único que lhes assegurou ser possível obter com segurança ganhos da ordem de 4 ou 5% ao mês. Soube da escolha feita por eles porque já fui novamente procurado pelo grupo em outros dois eventos. Se antes eles estavam ansiosos por uma resposta, agora a situação era de desespero para recuperar as perdas de mais de 100%.

Você deve se perguntar: É possível perder mais do que foi investido? Sim, é possível, desde que você atue displicentemente, apostando contra o que a maioria do mercado está apostando. As perdas aconteceram pelo mau uso de instrumentos chamados derivativos, uma ferramenta do mercado financeiro que permite ao investidor vender o que ainda não tem, prometendo entregar em data futura. Sua aposta é que a entrega ficará desinteressante para o comprador, em função de mudanças no mercado, e que ele não concretizará a operação. Se suas apostas não se concretizam, ele perde dinheiro. Para compensar as perdas, os jovens investidores decidiram atuar com alavancagem, ou seja, pedindo dinheiro emprestado para repetir a tentativa de ganho. Se deram mal novamente, e em poucos meses passaram da situação de investidores para a de devedores. Erraram por não acreditarem na perda e, diante dela, por não reconhecerem o insucesso. Deveriam ter revisado a estratégia logo na primeira perda, para evitar a situação desesperadora.

O que fazer diante de uma situação destas? Reclamar para o ombudsman da Bovespa pela má informação prestada pela corretora de valores ou pelo agente autônomo de investimentos e recomeçar com expectativas de ganhos mais realistas e melhores escolhas. O ombudsman lhe apresentará caminhos para buscar compensações, caso as orientações prestadas pelo profissional tenham sido negligentes. Mas, às vezes, não há para quem reclamar. O que fazer se, logo após a entrega das chaves de um imóvel comprado – fato que encerra a cobertura do seguro contratado pela construtora – uma catástrofe natural derruba seu imóvel? Não tinha contratado o seguro ainda? Então comece a fazer as contas para comprar outro...

É por este motivo que, ao estimulá-lo a fazer planos, sugiro sempre contar com o fracasso, aprendendo a reconhecê-lo. Veja bem, não estou sugerindo que você trace planos para ser um perdedor, ou que se torne uma pessoa pessimista. Pelo contrário, sugiro que tenha as projeções mais otimistas possíveis para seu futuro, mas que sempre esteja preparado para estar bem caso alguns de seus sonhos não se concretizem. Aprenda a reconhecer um fracasso, tenha um Plano B. Sua felicidade não pode estar condicionada a hipóteses, pois, enquanto elas não se concretizarem, sua necessidade de ser feliz estará construindo um perfil obsessivo, tendendo a anular o restante da vida para concentrar suas energias em algo que talvez não dependa apenas de você para acontecer.

Não sou psicólogo; oriento-o nesse sentido porque sempre adotei esta filosofia em minha vida e não me arrependo de ter agido assim. Uma de minhas características pessoais é ser extremamente otimista. Na opinião de minha esposa, o termo certo é *demasiadamente* otimista, pois, às vezes, meu otimismo incomoda muita gente. Sempre acreditei em meu primeiro milhão, em minha capacidade de entregar projetos em prazos incrivelmente apertados, ou de dar uma aula absurdamente difícil sem ter o tempo desejado de preparação. Sempre acreditei que levaria minha mensagem a muitas pessoas através de aulas, livros, artigos e palestras. Acreditei bastante na sinceridade e honestidade das pessoas e na coerência dos governantes dos países em que vivi. Em minhas palestras, falo para pessoas que acreditem que a economia brasileira continuará prosperando, até mesmo porque acredito que cada cidadão tem grande poder de contribuir para tal prosperidade.

Nem sempre fui feliz em minhas crenças. Alguns projetos atrasaram, algumas aulas não foram tão bem avaliadas como outras. Deixei de realizar muitas coisas por ter acreditado em pessoas desonestas e me frustrei com os políticos dos lugares em que vivi. Porém, eu nunca dependi de minha satisfação com esses aspectos para ser feliz. Diante de cada frustração, meu foco voltava-se para novos planos, o que me ajudou a estar sempre preparando para colher os frutos do sucesso, independentemente do grau de sucesso obtido.

Faço planos para muito sucesso, mas tenho sempre planos B para o caso de falhar em minhas perspectivas às vezes utópicas. Planejo minha vida, na verdade, de maneira extremamente conservadora, mas sempre tenho escolhas a fazer caso minhas expectativas sejam superadas. Invisto em renda variável contando sempre com ganhos típicos de empresas saudáveis – algo entre 15 e 25% ao ano – mas eu sabia muito bem qual diversificação dar a meus lucros diante de uma alta da ordem de 500% no índice Bovespa nos primeiros cinco anos de governo Lula. Minhas projeções iniciais me diziam que eu ficaria milionário depois dos 40 anos, mas eu já tinha planos para o milhão quando o conquistei aos 31. Eu me preparei para uma rotina extremamente intensa de aulas em minha vida, mas não deixei de aproveitar a oportunidade de limitar as aulas para poder ministrar palestras para um número muito maior de pessoas por todo o Brasil.

Aprenda a reconhecer o sucesso, independentemente da relevância dada à meta almejada. Inclua a celebração em seus planos, traduzindo-a em um jantar de comemoração, na compra de um carro, em uma viagem ou mesmo no rebalanceamento de sua carteira. Por exemplo, se você tem uma meta de acumular R$100 mil em cinco anos, por que não investir R$10 mil na troca de um carro se atingir um patrimônio de R$110 mil no mesmo período?

Na prática, resumiria a orientação dessa carta à idéia de que não basta fazer planos. Você deve se planejar tanto para o sucesso de planos muito modestos quanto para o sucesso retumbante de planos ousados. Essa idéia é especialmente importante no mundo dos investimentos.

G. C.

16. MULTIPLIQUE SUAS IDÉIAS

Caro investidor,

Diga-me com quem andas e eu lhe direi quanto ganharás. Seus relacionamentos são uma peça importante do quebra-cabeça de sua estratégia de investimentos. Não estou querendo dizer que, para enriquecer, você deverá passar a andar com pessoas mais ricas. Essa idéia é uma bobagem sem tamanho em uma cultura latina que valoriza o relacionamento familiar e as amizades como algumas das maiores riquezas que temos. Se você deixar de andar com quem ama para passar a acompanhar os mais ricos, pode até ser que passe a ter mais dinheiro, mas provavelmente terá uma vida mais pobre. Isso se chama jogo de interesses, o que pode conduzir sua vida no caminho da corrupção ou do triste acúmulo de números na conta bancária.

O que quero dizer com "diga-me com quem andas e eu lhe direi quanto ganharás" é que você precisa contar com alguém que tenha os mesmos interesses que você, em termos de investimento, para poder compartilhar suas dúvidas e angústias nos momentos de escolha. Aprendi, ao longo de minha ainda curta mas promissora carreira de investidor, que ninguém enriquece sozinho.

Desde que comecei a investir em ações, sempre tive com quem compartilhar idéias, loucuras e recomendações. Minhas primeiras decisões sobre investimentos em ações foram feitas após muito conversar com Ian, meu colega de estágio no banco em que trabalhei. Chegávamos cedo todos os dias para tentar participar da riquíssima reunião de caixa que era feita no início do dia, como acontece em todo banco. Nessa reunião, os maiores especialistas do banco traçam as estratégias de negócios do dia, com base nas orientações do economista-chefe. Sem dúvida, é o tipo de conversa que ajuda a tomar boas decisões de investimento, ou pelo menos, nos faz acreditar nessa possibilidade (que se torna praticamente inválida diante do reduzido salário de um estagiário). Mas, como as reuniões de caixa eram muito disputadas e o espaço na sala não era suficiente para todos os interessados, eram raros os dias em que Ian e eu conseguíamos sequer espiar o assunto. Diante da muralha de analistas na nossa frente (a hierarquia devia ser respeitada, e estagiário está sempre abaixo da base da pirâmide), restava-nos voltar para nossa sala e analisar as notícias geradas pelos sistemas das agências de notícias. Era dessa informação, farta e recebida enquanto até os maiores especialistas estavam entretidos em suas reuniões, que nós percebíamos oportunidades e trocávamos sugestões de investimento. Minha primeira compra de ações, lembro-me até hoje, foi de R$1 mil da Globocabo (a atual Net), que me rendeu 10% em um único dia. Meu primeiro milhão começou em um lucro de R$100.

Quando comecei a dar aulas, meu parceiro de dicas foi o professor Rafael Paschoarelli Veiga, com quem hoje compartilho a autoria do livro *Finanças para empreendedores e profissionais não financeiros* (Editora Saraiva). Nos intervalos das aulas que ministrávamos na Fundação Instituto de Administração, era comum o Rafael invadir minha sala e sussurrar: "abre a Internet e olha o que está acontecendo com a Telemar!". Eu ficava impressionado com a capacidade dele fazer lucros de R$5 mil a R$10 mil em um único dia, comprando e vendendo opções de ações da empresa. Não era sorte; era profundo conhecimento do comportamento dos papéis da empresa e das reações do mercado a determinados comportamentos. Ele praticamente negociava só com a Telemar, e fazia questão de compartilhar suas idéias comigo. Mesmo que, na época, eu não investisse um tostão em empresas de telefonia, devido à instabilidade e ao desrespeito a contratos no setor.

Outro importante parceiro de idéias foi meu amigo Maurício Iañez, com quem sempre compartilhei jantares às sextas-feiras e sábados com as respectivas namoradas – hoje esposas. Trabalhávamos em áreas totalmente diferentes – eu em finanças e ele em logística – e nossas atividades eram bem distintas – eu professor, com agenda louca, mas flexível, e ele empregado de grandes empresas – rotina mais previsível, porém nada simples. Mesmo assim, a cada semana tínhamos uma boa história de sucessos ou perdas e boas dicas a compartilhar. Grande parte de minha estratégia pessoal de investimentos surgiu devorando pizzas e bruschettas às sextas-feiras.

Fiz questão de citar minhas principais fontes de reflexões para que você, jovem investidor, perceba que não é preciso estar com os maiores especialistas do mercado para ter boas informações. O importante é que você tenha com quem compartilhar suas dúvidas. Se não tem esse tipo de pessoa por perto, crie! Comece a falar sobre dinheiro e investimentos com familiares e amigos em quem confia. Você pode começar com uma frase do tipo "você já pensou em investir em ações?", ou "você viu como tem gente ganhando dinheiro com ações?". Em pouco tempo, você encontrará alguém que se sentirá aliviado em encontrá-lo para compartilhar suas dúvidas.

Foi-se o tempo em que, com uma boa dica de investimento na mão, o segredo do sucesso estava justamente em manter seu sucesso em segredo. No passado, bons investidores tentavam colher ao máximo, sem compartilhar com ninguém, os frutos de uma oportunidade. Se alguém vendia uma mercadoria ou terrenos a preço baixo, o investidor era quem descobria isso e se tornava intermediário na venda para os menos informados. Hoje, a informação não vale tanto, pois a regulação dos mercados exige que fatos relevantes sejam tornados públicos antes de serem desfrutados por poucos – quem desrespeita a regra corre o risco de ser severamente punido.

Para ser um bom investidor, já lhe escrevi que é preciso ter acesso às fontes de informação, como relatórios publicados na Internet, noticiários e jornais sobre o mercado financeiro e agências de notícias. A informação está barata e é muito abundante. Porém, muita informação disponível tornou mais complexa a análise de alternativas para investir. São tantas oportunidades, que tanto os investidores iniciantes quanto os mais experientes se sentem perdidos na hora de decidir o destino de seus reais.

Por isso, uma das receitas para fazer bons investimentos é não fazê-los sozinho. Ter com quem compartilhar idéias, dúvidas e opiniões facilita sensivelmente as escolhas de investimento. Esse é um dos motivos de muitos começarem no mercado de ações através de clubes de investimentos.

Há uma qualidade especial na idéia de compartilhar. Talvez, ao procurar parceiros de idéias, você perceba que as pessoas em quem confia são muito inexperientes e desinformadas. Isso não é motivo para descartar tais companhias nas decisões. No começo, entenda que seu papel é ajudar pessoas queridas a fazer escolhas melhores. Você estará multiplicando bem-estar, ajudando pessoas a enriquecer sem dar dinheiro a elas. Com o envolvimento cada vez maior dessas pessoas, em pouco tempo vocês estarão em sintonia e formarão boas parcerias de escolhas.

Se investir é para você um bicho-de-sete-cabeças, fica aqui a grande sugestão: abra o jogo com os amigos, compartilhe sua angústia. Se encontrar mais alguém com as mesmas dúvidas que você, pode ser o início de uma grande troca de palpites enriquecedores.

G. C.

17. SOBRE A HONESTIDADE

Caro investidor,

Talvez você tenha se chocado, algumas cartas atrás, com a colocação que fiz de que o mundo é desonesto. Caso a afirmação não tenha sido novidade para você, parabéns! Provavelmente você já vem dedicando a devida atenção aos oportunistas de plantão, loucos para explorar a ingenuidade alheia. Porém, volto a tratar desse tema neste ponto das cartas para alertá-lo da forma mais empobrecedora de desonestidade: aquela de você contra você mesmo.

Uma das maneiras mais pobres de viver a vida é pautando seus dias em ilusões. Há quem acredite que cresceu por competência própria, mas o fez apenas por ter se vendido a interesses particulares de seus superiores – o que é chamado, no bairro em que cresci, de crescer na vida puxando o saco do chefe. Há quem acredite que conquistou um padrão de vida fantástico, mas está devendo mais de 75% do valor de seus bens. Há quem acredite que é rico, mas não percebe que tudo o que tem irá por água abaixo se perder o emprego.

Da mesma maneira, há quem acredite que investe em ações, mas o dinheiro foi para um fundo ineficiente que cobra taxas elevadas, oferecido pelo gerente do banco. Há quem se considere um grande investidor, mas nunca conviveu com uma crise no mercado em que investe. Há quem lucre orientando amigos a investir, mas não possui conhecimentos básicos sobre investimentos e está colocando em risco o patrimônio próprio e o de muitos incautos. Há quem esteja ganhando muito dinheiro e sem esforço, mas não está fazendo nada para se garantir no momento em que seu mercado voltar à realidade. Há quem esteja abandonando uma carreira em que investiu muito para se desenvolver, mas sequer garantiu rendimentos que dêem sustentação a um bom plano para a sua independência financeira.

Não se iluda. Seja honesto consigo próprio. Questione se tiver dúvidas, sempre e em qualquer situação. Nunca fui o aluno que mais estudou na escola, mas certamente era um dos que mais perguntava, o que me garantia notas suficientes (nem sempre as maiores, mas suficientes). Jamais se considere superior às pessoas que você conhece, lembre-se de que o mercado somos nós e as pessoas que nos rodeiam.

Ouça a opinião dos menos envolvidos com o investimento que você escolheu. Normalmente, mesmo com intenso envolvimento, acabamos não dando atenção a detalhes perigosos que soariam bem estranhos a quem não está jogando o mesmo jogo que nós. Por exemplo, quando oriento meus familiares a investir em determinada ação ou fundo, é comum ouvir a pergunta: "Mas eu não corro o risco de perder dinheiro?". Claro que corre! Mesmo contando com orientação profissional, especialistas são falíveis, investimentos são falíveis. O objetivo de um especialista é acertar na maioria das situações, e não em todas. Mas é este tipo de questionamento que me alerta para o fato de talvez não ter explicado com os devidos detalhes, já que orientações em família nem sempre são feitas com as ferramentas e os formulários utilizados no trabalho.

Na hora de investir, se estiver em dúvida, é melhor que não faça nada, ao invés de tomar uma decisão sem informação. Afirmo com conhecimento de causa, por já ter acontecido diversas vezes em minha vida, que a decepção por não ter aproveitado uma oportunidade é menos dolorosa do que a perda decorrente de uma escolha feita por impulso. Não acredite na intuição, teste-a sempre!

Com relação a seu projeto de vida não é diferente. Não confie demais nem na sorte e nem na sua habilidade de compensar no futuro pequenos erros do presente. Acredito que todos os livros de finanças pessoais ou de planejamento financeiro pessoal têm em comum pelo menos duas regras: "nunca ponha todos os ovos em apenas uma cesta" e "pague-se primeiro".

A primeira, já explicada em cartas anteriores, diz respeito à diversificação dos investimentos para diminuir o risco de sua carteira de investimentos. A segunda regra, "pague-se primeiro", diz respeito a uma filosofia de vida. Muito cuidado com sua interpretação. Alguns entendem que esta regra diz que, para ser feliz, é preciso gastar com a satisfação pessoal antes de cumprir outros compromissos financeiros. É a filosofia dos eternamente endividados, uma forma completamente errada de se pagar em primeiro lugar. "Pague-se primeiro" diz respeito a assumir um planejamento para garantir um futuro sem dificuldades financeiras e fazer o possível, e o impossível, para que o plano seja cumprido. Se você assumiu o compromisso de poupar certo valor todo mês, este deve ser o primeiro dinheiro a sair de sua conta ao receber o salário.

Se o custo de vida aumentou, você terá de apertar o cinto para pagar as demais contas. Se isso lhe parece difícil, opte por ter parte do salário (você decide quanto) automaticamente debitada da conta corrente e depositada no investimento escolhido. Seu banco pode fazer isto por você, pelo serviço chamado investimento programado, disponível para fundos e planos de previdência e até para aplicações em clubes de investimentos, através de corretoras. É fácil, conveniente e nos ajuda na disciplina.

Se você planejar seu futuro e assumir o sério compromisso de pagar-se primeiro, o futuro será uma deliciosa continuação da sensação de segurança do presente. Algo que, no Brasil, ainda é privilégio de poucas pessoas bem informadas. Você, jovem investidor, também pode escolher fazer parte deste seleto grupo privilegiado; basta um telefonema para seu gerente ou corretor ou uma solicitação via Internet. Ao automatizar a construção de seu futuro, você estará sendo honesto com um fato importante da vida: estamos vivendo cada vez mais, melhor, e com mais necessidades de consumo.

Além da honestidade devida a você mesmo, proponho algo diferente do praticado pela maioria das pessoas ao nosso redor e pelo sistema político brasileiro: seja honesto com as pessoas com quem você convive e com a sociedade como um todo. Pague o que você deve, mesmo que a dívida (não necessariamente financeira) não seja cobrada.

Não sonegue impostos. Pelo contrário, tenha orgulho, como eu, de pagá-los. Quanto maior o DARF (Documento de Arrecadação de Receitas Federais) preenchido, é sinal de que você está ganhando mais. Não o oriento desta maneira por falso moralismo ou por ter assumido o papel de guardião dos interesses da nação, mesmo porque sei que se algo não funciona no Brasil é o mecanismo dos gastos públicos. Mas trago esta orientação a você por dois motivos. Primeiro, porque não há nada como deitar todas as noites no travesseiro com a tranqüilidade de estar com as obrigações em dia. Segundo, porque não quero ver repetir em sua vida a história de muitas pessoas que conheci, que construíram um enorme castelo de riquezas, mas as fundações desse castelo eram a desonestidade e a sonegação. É triste não poder atender a famílias com dinheiro não-declarado, profissionais reconhecidos indo para a prisão ou até chefes de família se suicidando em razão do vexame de terem suas grandes fraudes descobertas.

Se você está enriquecendo, fique com o que é seu. Não adote uma postura conformada em relação aos tributos. Se você acha que a carga tributária é injusta no Brasil – eu também acho –, brigue por seus direitos, vote melhor, cobre do poder público um uso razoável de sua parcela de contribuição. Mas durma tranqüilo, pois um dia você terá, se ainda não os tem, filhos e netos para se orgulharem de suas conquistas.

G. C.

18. AS CARTAS QUE VOCÊ IRÁ ESCREVER NO FUTURO

Caro investidor,

Quando me perguntam por que eu valorizo tanto o futuro, não encontro outra resposta a não ser: "porque eu sempre me imagino lá na frente". Se tenho algo de bom a contar a meus leitores hoje, quero ter coisas melhores para ensinar amanhã. Amo minha vida, amo minha família, e por isso procuro preparar o futuro com o mesmo carinho com que tento desfrutar o presente.

Tenho orgulho de minha história, enquanto muitas pessoas escrevem suas biografias nas prisões. Lucram em cima de escândalos cometidos em vida, com um escárnio impressionante que lhes dá coragem de expor suas mazelas ao mundo, mesmo que venham a ter vergonha de olhar nos olhos da família. Eu poderia estar na prisão de meu lar, com medo de falar de enriquecimento em um país mais violento do que muitos países que estão em guerra civil. Mas, quando uma jornalista me perguntou se a revista em que trabalhava poderia citar o fato de eu ter alcançado meu primeiro milhão, senti uma angústia muito grande diante da vontade de negar um resultado que havia sido construído honestamente. Pesou mais a missão de multiplicar um exemplo, que resultou em dezenas de jovens expondo declarações semelhantes na mídia nos anos que seguiram àquela matéria. Felizmente, a parcela da sociedade que enriquece honestamente está crescendo e aparecendo.

Meus livros, que hoje inspiram muitos jovens de todas as idades a construírem uma vida mais rica e equilibrada, foram escritos a partir de experiências pessoais, em um primeiro momento, e depois a partir de experiências adquiridas em minha atividade de consultoria. Não só decidi falar sobre dinheiro, mas procurei maneiras de fazê-lo para o maior número de pessoas que pude, porque sabia que tinha algo muito bom a dizer.

Talvez você não leve jeito para os livros, mas, se tiver de escrever sobre suas experiências um dia, torço para que tenha coisas muito boas a contar, ou lições muito interessantes a tirar dos erros cometidos. Que suas experiências sejam tão bem intencionadas que possam ser contadas em um livro de família. Um livro não é a única maneira de deixar um legado. A riqueza de sua família e uma história de sucesso financeiro a ser seguida pelos seus netos também o são, e o Brasil carece de exemplos honestos.

Mas, assim como o acúmulo será importante, a qualidade com que você viverá ou a sabedoria com que dará utilidade à sua riqueza também serão. Viva em equilíbrio. Sou freqüentemente abordado por aqueles que afirmam estar tocando um projeto pessoal de construir seu primeiro milhão em dez ou quinze anos. Isso é muito bom para estes jovens e para a economia brasileira, carente de poupadores responsáveis quanto a seu futuro.

Porém, apesar do grande número de jovens deslumbrados com um futuro mais seguro, é maior o número de jovens desanimados com o fato de terem acesso a boas orientações sobre investimentos, embora pouco ou nenhum recurso para investir. A justificativa é óbvia: ganham pouco (como acontece com todo jovem) e gastam muito com estudos e cursos para a sua formação. O que falta a quem gostaria de investir mais é foco em seu projeto financeiro pessoal. Talvez aqueles que não investem porque gastam muito com estudos não tenham percebido que estão, sim, investindo bastante para seu futuro.

Os estudos nos trazem contribuições que vão muito além do conteúdo e do diploma. Sob o ponto de vista essencialmente financeiro, estudar é investir no aumento de sua renda. Entre dois candidatos muito similares concorrendo a uma mesma vaga, tem mais chances de ser contratado aquele com formação e conhecimentos mais avançados. Como as chances de emprego são maiores, investir em educação é garantir mais facilidade de poupança no futuro. Se os recursos que você poupa regularmente são escassos, pare de administrar pobreza. Passe a investir em você mesmo. Com maior renda, tanto o presente quanto o futuro estarão mais seguros.

E, na medida em que as conquistas forem alcançadas, mantenha a humildade. As orientações oferecidas nessas cartas têm certamente como objetivo torná-lo mais rico e com menos problemas ao longo da vida. Dúvidas sempre existirão, você sentirá frustrações com algumas perdas, seu plano terá de ser revisado algumas vezes durante a vida e, talvez, em algumas destas revisões você terá de adiar seus objetivos por alguns meses ou anos. Porém, quanto mais cuidadoso for o planejamento, tanto menor será o sofrimento com situações indesejadas.

Buscar um futuro financeiramente estável e seguro nos traz paz. É como ter uma garantia por trás de cada decisão que tomamos. Talvez não vivamos tempo suficiente para ver nossos objetivos atingidos, mas teremos vivido felizes por ter uma vida com objetivos. Isso faz toda a diferença.

Se você tiver boas oportunidades de ganhos ainda jovem e se for disciplinado na administração de seus recursos, poderá conquistar sua independência financeira ainda cedo. Com a independência financeira, você terá o poder de decidir o rumo de seu futuro. Poderá trabalhar com uma postura mais profissional e menos submissa, sem medo de perder o emprego. Poderá se dar ao luxo de viajar e conhecer o mundo com mais freqüência. Talvez nem passe por sua cabeça a idéia de parar de trabalhar, o que é muito positivo. O trabalho é importante e enobrece, além de evitar uma aposentadoria que ninguém deseja: a aposentadoria da mente. Com segurança financeira, você poderá viver como você gostaria de viver. Talvez, até, trabalhando muito.

Gostaria de dedicar algumas palavras também a jovens investidores que não são tão jovens assim. Sei que muitos jovens com mais de 60 anos chegaram até este ponto da leitura, até porque muitos amigos de cabelos bem grisalhos já me falaram bem de outros livros da coleção *Cartas a um jovem*. E é para estes jovens que eu lembro que o Brasil é tão pródigo em oportunidades de investimento, que sempre há tempo para realizar grandes mudanças na vida.

É muito comum, em minhas palestras e nos treinamentos que realizo sobre independência financeira, ouvir de pessoas na meia-idade o seguinte comentário: "Já estou perto de me aposentar e não planejei nada, tenho alguma alternativa agora?". Felizmente, há sim boas providências a adotar.

Jamais esquecerei o exemplo de minha avó, que, ao completar 70 anos de idade, disse a toda a família que já estava "no lucro", que provavelmente no ano seguinte ela já não estaria entre nós. Depois daquela data, a cada aniversário, ela repetiu a mesma frase por mais de vinte vezes, até falecer aos 94 anos. Naquele ano, ela acertou a previsão.

Não entendo uma certa síndrome da meia-idade, na qual as pessoas acreditam que, após os 60 anos, sua vida produtiva terá chegado ao fim. Nunca é tarde para começar a fazer o que se gosta. Quem passou dos 50 ou 60 anos e percebeu que perdeu tempo ao não fazer um planejamento, pode se organizar para melhorar sua situação daqui a alguns anos. Ou, ao menos, poupar o suficiente para fazer um mestrado ou uma faculdade pela qual sinta verdadeira paixão, garantindo a possibilidade de exercer uma atividade remunerada com satisfação.

Os erros que as pessoas devem evitar nessa fase da vida são dois: contratar um Plano de Previdência e investir em alternativas de risco, como ações, sem contar com o longo prazo. Estes planos são recomendados apenas para quem não pensa em sequer tocar no dinheiro por pelo menos dez anos. Resgatá-los antes deste prazo significa pagar uma elevada penalização em impostos. E, ao invés de propor investimento em ações para acelerar a rentabilidade dos investimentos, eu proponho às pessoas mais maduras que façam negócios, como comprar terrenos para construir, participar de leilões ou montar pequenos negócios comerciais. Se você pensou "fazer rolo", como normalmente se diz, é disso mesmo que estou tratando.

Nessa fase, é preciso lidar com alternativas que tragam resultados de maneira mais consistente e previsível. Fazendo o que você conhece, e não aquilo que demande a ajuda de um especialista. Para conhecer, repito, basta se envolver. E, quanto antes começar, melhor. Não importa a idade.

G. C.

19. CARTA DE AGRADECIMENTO

Caro investidor,

Estas cartas foram escritas no final de 2007, época em que a economia brasileira e o mercado financeiro apresentavam um histórico recente bastante animador. Os meses anteriores haviam registrado recordes atrás de recordes para o Índice Bovespa, o mercado imobiliário estava em ebulição nas grandes cidades, a cotação do dólar voltava a um patamar equivalente ao de sete anos antes e, com tudo isso, muitas pessoas haviam lucrado muito com investimentos. Principalmente jovens investidores, que costumam ser um pouco mais arrojados em suas escolhas.

Os mais pessimistas diziam que a economia brasileira já acumulava mais de quatro anos de boas notícias, o que já seria motivo suficiente para prever, para os anos posteriores, uma forte recessão ou, ao menos, um ajuste para menos nos ganhos dos investidores.

Os otimistas diziam que tudo que havia sido observado era um forte ajuste de mercado, trazendo para um desejável equilíbrio os números da economia brasileira, após um forte boicote de investidores antes da primeira eleição do presidente Lula, em 2002. Por este motivo e pelo fato de o Brasil estar muito próximo de ter seu grau de risco no mundo elevado, pelas agências de análise de riscos, para a recomendação de investimento seguro, os mesmos otimistas previam que os investidores brasileiros estavam observando o que seriam apenas os primeiros instantes de um forte ciclo de crescimento e oportunidades.

Talvez, enquanto você esteja lendo esta carta, já exista a resposta de quem estava certo e quem estava errado. Porém, independentemente da realidade que estejamos vivendo, é fundamental que você tenha sempre em mente algumas regras essenciais para investir bem:

- Se alguém assumir riscos e acertar sempre, é porque conta com muita sorte. Esteja preparado para colher resultados de acertos na maioria de suas escolhas, e não em todas;
- Você não é a única pessoa que estará em busca de informações, e sempre o mais bem informado ganhará em cima da perda do menos informado. Muitas pessoas tentarão passar a perna em você, e entenda isso como parte do jogo da vida;

- Desconfie de longos períodos de bonança e fartura. Se o lucro estiver muito fácil, certamente não aposte todas as suas fichas nele. As melhores oportunidades de enriquecer acontecem quando muitos estão reclamando suas perdas, e não o contrário;
- Não seja ganancioso. Se alguém está lucrando muito com algo que você não conhece, não assuma o desnecessário risco de migrar seus investimentos para a "dica" preciosa. Parabenize o felizardo e procure entender, por alguns meses, como ele fez para acertar e quais são os riscos por trás do lucro fácil;
- Não seja egoísta. Se alguém lhe ajudar a construir riqueza com boas informações, lembre-se de agradecê-lo ou, se for um profissional, não barganhe em cima da comissão dele. A ingratidão acaba por resultar no distanciamento das pessoas, e as boas dicas podem fazer falta bem na hora de se proteger de uma crise;
- Lembre-se de celebrar suas conquistas, com você mesmo ou com pessoas próximas. A celebração costuma marcar as conquistas como um fato do passado e nos energizar para alcançar novos patamares. Se nunca colher os frutos de sua árvore de dinheiro, a existência do pé deixará de ter sentido para você.

Eu tive a felicidade de viver toda a minha vida financeira – ou seja, desde meu primeiro salário até hoje – permeada de crises econômicas internacionais e de um grande amadurecimento do mercado de capitais brasileiro. Quando tive pouco dinheiro investido, gastei a maior parte de minhas chances de erros e experiências. Como já contei nas cartas, perdi muito dinheiro (pelo menos para aquela época), mas colhi os frutos dos investimentos que fiz naqueles erros. Olhando pelo retrovisor, vejo que o aprendizado com os erros me deu maturidade nas escolhas, graças àqueles que se dispuseram a esclarecer minhas dúvidas.

Gostaria de escrever mais cartas de agradecimento. Ao longo de meus sucessos e insucessos, convivi com inúmeras pessoas que me ajudaram, muitas inconscientemente. Aprendi muito com amigos, professores, colegas de trabalho, clientes e com meus pais. Muitas coisas aprendi sozinho, porém com a devida provocação de alguém, simplesmente pesquisando respostas para dúvidas que meus leitores enviavam para meu site na Internet. Com exceção de meu primeiro livro, todos que vieram depois, incluindo este, vieram como resposta às dúvidas mais freqüentes que recebi.

Se eu fosse confessar uma característica pessoal que foi determinante para meu sucesso, eu diria que foi o inconformismo. Desde os tempos de escola, eu não ia para casa satisfeito se não me esclarecessem todos os pontos de dúvida. Alguns professores chegavam a encerrar as aulas com a frase: "Todos entenderam? Gustavo, alguma pergunta?". Até hoje, por mais familiarizado que eu esteja com minha área de atuação, continuo fazendo perguntas enquanto não estou satisfeito com as explicações. Muitas vezes, à espera de ser atendido na fila do banco, vejo minha gerente fornecer explicações a clientes com cara de entendidos, mas tenho certeza de que eles estão agoniados de dúvidas, mas não querem se passar por ignorantes. Se você pensou "o Gustavo fica ouvindo a conversa dos outros...", sim, você acertou. É parte de meu trabalho entender como funcionam as cabeças que questionam e as cabeças que respondem. E é parte de minha ética não me intrometer na conversa deles – na melhor das hipóteses, a dúvida de alguém que não conheço vira um artigo publicado em um jornal.

Por isso, gosto de dizer que aprendi muito mais com o desconhecimento do que com a informação. Das dúvidas de meus leitores às observações das dúvidas que as pessoas têm diante de processos simples nos bancos, todas são matérias-primas para reflexões e desenvolvimento de idéias. Por isso, se eu tenho agradecimentos a fazer, é a todos que tiveram coragem de expor suas dúvidas e, principalmente, a todos que disponibilizaram parte de seu precioso tempo para explicá-las. Agradeço àqueles que derrubaram tabus e criaram coragem de se passar por ignorantes no assunto, pois são essas pessoas que estão fazendo da educação financeira um dos motores da transformação da sociedade brasileira deste início de século. Estão incluídas entre elas os incansáveis jornalistas, que perceberam a importância do tema para a vida das pessoas e ajudaram a abordar o assunto "dinheiro" em todo tipo de veículo midiático existente.

Tenho em meu sucesso pessoal um grande exemplo de que falar sobre dinheiro enriquece, daí a razão de tantas vezes eu sugerir que você se envolva com o mercado e fale sobre dinheiro, investimentos, crédito, enriquecimento. Ao ter dedicado tempo à leitura dessas cartas, você buscou respostas, e espero que tenha encontrado muitas.

Tempo e envolvimento. Dois ingredientes fundamentais para seu enriquecimento, como você percebeu repetidamente na leitura dessas cartas.

No final da carta de apresentação, afirmei que tinha certeza de que o tempo investido na leitura destas cartas lhe traria grandes resultados em muito pouco tempo. Espero que, a esta altura, você tenha o mesmo sentimento. É questão de colocar as idéias que você adquiriu e suas anotações em prática.

Como previ em minha primeira carta, para mim foi mesmo um grande prazer escrever para você. Espero que essas cartas lhe sejam úteis e que você sabiamente as compartilhe com quem quer bem ou com amigos com os quais irá compartilhar também a aventura de investir.

Bons investimentos!

G. C.

CONHEÇA TAMBÉM:

• Este livro tem por objetivo orientar a todos os leitores que estão indecisos em relação à escolha profissional.

Whitaker Penteado

cartas a um jovem

indeciso

ISBN: 978-85-352-2683-6
Páginas: 200

• O autor compartilha suas experiências e mostra como torná-las ferramentas a serem utilizadas pelo jovem atleta no desenvolver de sua carreira.

Bernardinho

cartas a um jovem

atleta

ISBN: 978-85-352-2071-1
Páginas: 240

• O autor relata parte da experiência adquirida em 31 anos de advocacia e oferece sugestões, conselhos e histórias com o objetivo de ajudar o leitor a ser bem-sucedido em sua profissão.

Francisco Müssnich

cartas a um jovem

advogado

ISBN: 978-85-352-2177-0
Páginas: 208

• O autor conta sobre seu aprendizado adquirido em quase 30 anos de dedicação à Ciência: suas experiências, escolhas, sucessos e fracassos.

Marcelo Gleiser

cartas a um jovem

cientista

ISBN: 978-85-352-2077-3
Páginas: 184

• Este livro oferece dicas e conselhos valiosos para os que querem ser estilistas de sucesso ou profissionais renomados da área de moda.

Alexandre Herchcovitch

cartas a um jovem

estilista

ISBN: 978-85-352-2214-2
Páginas: 142

• O autor traça um painel da evolução do exercício da medicina nos últimos 50 anos e fala da deformação do exercício profissional atualmente.

Adib Jatene

cartas a um jovem

médico

ISBN: 978-85-352-2117-6
Páginas: 208

• O autor revela a todos os jovens aspirantes a cargos públicos a essência da política e traz informações imprescindíveis para todos que têm uma vida pública consolidada.

Fernando Henrique Cardoso

cartas a um jovem

político

ISBN: 978-85-352-1866-4
Páginas: 212

• O autor oferece reflexões sinceras sobre a arte de administrar e gerir, na tentativa de incentivar todos que se iniciam na profissão.

Idalberto Chiavenato

cartas a um jovem

administrador

ISBN: 978-85-352-2238-8
Páginas: 164

• O autor desnuda o funcionamento interno da ficção e incentiva os jovens a não perderem o impulso de criar.

Mario Vargas Llosa

cartas a um jovem

escritor

ISBN: 978-85-352-2110-7
Páginas: 196

• O autor discorre sobre as dificuldades e os caminhos nem sempre glamurosos para se tornar publicitário.

Roberto Duailibi

cartas a um jovem

publicitário

ISBN: 978-85-352-1885-5
Páginas: 168

• O autor apresenta os desafios que serão enfrentados pelo jovem e futuro empreendedor.

Ozires Silva

cartas a um jovem

empreendedor

ISBN: 978-85-352-1915-9
Páginas: 148

• O autor ensina àqueles que receberam uma herança como administrar a pressão gerada pelo sucesso dos pais.

Renato Bernhoeft

cartas a um jovem

herdeiro

ISBN: 978-85-352-1578-6
Páginas: 192

• O autor oferece ao leitor uma série de cartas escritas a um jovem que esteja iniciando ou pensando em iniciar ou profissionais já atuantes na área da psicoterapia.

Contardo Calligaris

cartas a um jovem

terapeuta

ISBN: 978-85-352-1493-2
Páginas: 176

• Este livro apresenta textos escritos pelo chef Laurent Suaudeau para jovens que estejam iniciando no ramo da culinária.

Laurent Suaudeau

cartas a um jovem

chef

ISBN: 978-85-325-1429-1
Páginas: 176

Sistema CTcP,
impressão e acabamento
executados no parque gráfico da
Editora Santuário
www.editorasantuario.com.br - Aparecida-SP